社員が綴る、胸が熱くなるエピソード集

家づくり感動物語

三井ホーム株式会社［編］

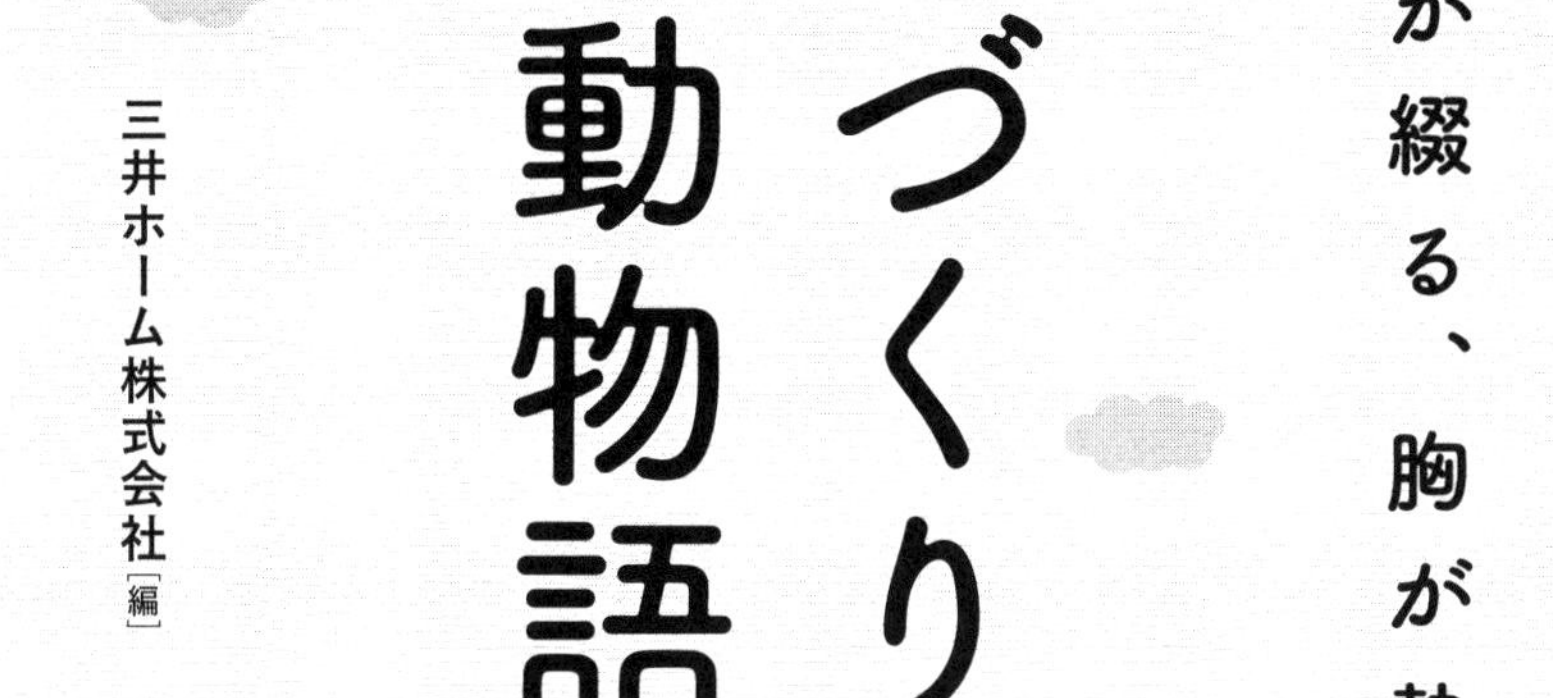

PHP

装丁　一瀬錠二（Art of NOISE）
カバーイラスト　徳丸ゆう

はじめに

三井不動産グループの住宅事業分野の強化を目的として、一九七四年十月に創立された三井ホームは、おかげさまで今年五十周年を迎えることができました。

創立当初から、将来にわたって日本人の生活向上に寄与できる、堅牢で、断熱性・気密性が高く、デザイン性にも優れた工法として、当時日本にはなじみのなかったアメリカを発祥とするツーバイフォー工法を選択し、以来その普及に努めてきました。

さらに、現在では住宅のみならずさまざまな大型の木造建築物へとそのウイングを広げ、着実にシェアを増やし続けています。

その私たちが創業以来五十年間にわたり、どのような仕事や経験をしてきたのか、それらにまつわるエピソードを直接社員から集め、できる限り社員自身の言葉で公にすることで、私たち三井ホームの仕事の意義ややりがいについて広く知っていただければとの想いから、本書の刊行を企画しました。

ここに掲載したエピソードは、社員たちの膨大な仕事上の体験や対応などのほんの一部で、すべてを網羅できているわけではありません。

しかし、ご紹介するエピソードそれぞれが「人生最大の買い物」であり、その上、完成するまで実物を確認いただけない、そしてお引渡し後も何十年とお付き合いさせていただく「建築」という商品にかかわるものです。

これらを提供することの難しさ、苦しさ、そして何よりも私たちがお客様と共有した感謝や喜び、感動、やりがいが各人各様の言葉で語られています。

お客様と手を取り合って涙を流した社員がいます。「家づくりは人づくり」と書いてくれた社員がいます。これらのエピソードから、創業以来脈々と続いている、そしてこれからも引き継いでいくべき私たちのＤＮＡを感じていただき、そして三井ホームとそこで働く私たちを少しでも好きになっていただければ幸いです。

そして私たちに限らず、日本中で日々お客様と真剣に向き合い、同じような努力をされているすべての人々へのエールとなればこれ以上の喜びはありません。

二〇二四年九月吉日

三井ホーム株式会社
代表取締役社長　池田　明

家づくり感動物語
社員が綴る、胸が熱くなるエピソード集

もくじ

第2章　困難のなかで

第3章　仲間とともに

第4章　社会に役立つ

本書に登場するお客様と当社社員名はすべて仮名です。

第1章

お客様との出会い

君と僕らは友達

営業・男性

山本様ご夫妻とは、最初から『声』によるコミュニケーションはありませんでした。ご夫婦ともに、耳のご不自由な方だったのです。

当時、私は入社二年目。神奈川県内のモデルハウスを担当していました。

ある日、そのモデルハウスを訪れたのが山本様ご夫妻で、近くにある企業の社宅にお住まいとのことでした。

ご夫妻には、四歳くらいの『ゆう君』という男の子がいらっしゃいました。

「この子のために家を建てたいと思っています。でも、私たちはどうすれば家を建てられるのか、何も知りません。一から教えてほしいのです」

と、身振り手振りと筆談で懸命に、私に伝えようとなさった山本様。その時から、ご夫妻と私のお付き合いが始まりました。

住まいづくりは、まず土地を探すことから始まりました。土地の探し方から、家の構造、建て方、資金調達の方法やローンの組み方。これらをすべて、最初から手ほどきして差し上げなければなりません。

私は手話ができないので、山本様とのお話はメモ用紙やノートでの筆談が頼りです。一回の打合せで、筆談のメモは数十枚。幸いにも私は絵を描くのが得意で、家の構造などは簡単なイラストを描いてご説明するようにしました。

困ったのは、通信手段です。

電話は利用できません。携帯電話のメールもまだない頃でしたから、連絡はＦＡＸに頼るしかありません。

一刻も早くお知らせしなくては、という情報でも、すぐに伝えられないもどかしさを何度となく感じました。

もちろん、それは山本様も同じはずです。

山本様から私宛にＦＡＸが届いたらすぐに知らせてくれるように、すべてのスタッフにお願いをしておきました。

正直なところ、大変でした。でも、面倒だとか嫌だとかは思いませんでした。いつしか、私は住宅メーカーの営業としてではなく、肉親や友達のような感覚で山本様に接していたようです。

「この方々のために、なんとかチカラになりたい」

格好よく聞こえるかもしれませんが、本当に、そんな純粋な気持ちが優先していたのです。

家づくりについて何も知らなかった山本様も、三井ホームを理解されるようになると、質問の難易度が上がってきました。

歩きながらでも、私が説明している途中でも、次々と質問を投げかけてくるのですから、大変です。それらの一つひとつに筆談で応じている私の字が、だんだん乱雑になっていきます。

丁寧に書いている余裕などありません。山本様には、ゆっくりですが私の唇の動きを見て、話していることを理解していただける関係になっていきました。

そのうち、「山本さん、耳が聞こえないのですから、そんなことしちゃダメですよ」なんていうことも、平気で言えるようになりました。

感情を抑えた言葉になりがちな筆談よりも、私が声に出す時は本音から出る言葉が山本様との間に行き交いました。

そしていつの頃だったか、山本様と心が通じ合う瞬間を感じたのです。

もう、メモは必要ありませんでした。人と人とが接していることを実感した瞬間、とでもいうのでしょうか。


私が唯一覚えた手話は、『友達』です。

山本様からの感謝の言葉は、『君と僕らは友達』という手話だったのです。

私は、営業という立場を超え、友達として山本様の住まいづくりに携わることができたのだなあと、深く感じ入りました。

「誰かのために何かがしたい」という思いは、仕事の基本であろうかと思います。そして、お客様に喜ばれる存在であることは、生涯の糧のようなものです。

お引渡しの時、山本様は「うれしい」という意味の手話をずっと続けておられました。

建設中に第二子が誕生されたこともあって、新しい家族の住まいが完成した感激は、ひとしおだったことでしょう。

その後、ご一家のクリスマス会に招待され、私は妻と一緒に伺いました。お客様のお宅に妻を連れて行くなど初めてのことでしたが、妻に山本様ご家族にはぜひ会ってもらいたいと強く思ったのです。

山本様は、ふだんの私の仕事ぶりをメモして、妻に伝えてくれました。たとえ音や声は聞こえなくても、この楽しさは伝わります。いつまでも笑いが絶えない、うれしいクリスマス会になりました。

話せる、話せないにかかわらず、相手の目を見て、気持ちを込めて、物事を伝える。住まいづくりの過程には、そうした機会が数多く存在します。お伝えしなくてはならない情報がたくさんあり、そのたびに、人と人とのつながりが深まっていく。

本当に、やりがいのある仕事であると感じています。

心に残るお客様からのメール

営業・男性

私の心に残った言葉として、一通のメールをご紹介します。このメールは、初受注のお客様から二年目の時にいただいたものです。当時、私は四か月連続で注文がいただけておらず気が滅入っていましたが、このメールで気持ちがとても前向きになり、今でもたまに読み返すと元気になります。

✉佐藤です。

昨日は顔を出してもらい、ありがとうございます。お茶も出さずに、すみません。近所の人たちや会社の同僚と話をしていると、営業の人が工事担当に引き継いだら顔も出さなくなったりする人が多いようですが、完成後も来てもらえてうれしく思っています。わざわざ来てもらう必要はありませんが、近くに来ることでもありましたら、また寄ってください。

気づかれたかどうかわかりませんが、裏には念願の物置も入り、駐車場は、コンクリートだけだと殺風景なので、下草にタマリュウ（リュウノヒゲとも言いますね）を植えるなど、少しずつですがステップアップしているつもりです。

あとは、夏のうちに隣家側に砂利を敷く予定です。庭は後回しになっていますが、そのうち二～三本は木を植えたいと思っています。植えるなら冬がよい、という知人からのアドバイスもあり、のんびり構えています。


最近、落ち込んでいるようですが、落ち込まないタイプの人（自分はこのタイプかも……）がいい人とは思いませんが、大切なのは（成績は別として）気分的に落ち込んでいる期間を短くすることです。

多少、社会人の先輩（会社では上司は別として、後輩には好かれているつもり）として言わせてもらうと、入社三～四年目くらいまでは、若い社員の売上げ成績なんて会社や上司は気にしていないものです（もちろん、本人にはそんなことは言いませんが）。

大切なのは、仕事を覚え、経験を積むこと。前向きに取り組む姿勢だと思います。成績が悪くても頑張っている人が、逆に目に留まるくらいです。

ということで、いつまでも落ち込んでいる場合ではないので、とっとと立ち直ってください。落ち込んでいる理由が仕事ではなく、恋愛問題であれば話は別ですが……（仕事より何倍も大切なことですが、そちらは家内の得意分野なので）。

話が長くなりましたが、このメールで送っているアドレスが、我が家の新しいメールアドレスです。

加藤さん（上司）にもよろしく。

希望という名の家

営業・男性

入社三年目、仙台に勤務していた時の話です。

途中から営業に移った私は、モデルハウスでの接客もまだまだ不慣れで、ようやく一人でお客様のところへ商談に伺えるようになった頃だったのですが、ある日、若い男性（当時、三十歳くらいだったと思います）が、お一人でモデルハウスにいらっしゃいました。

男性一人ということで、正直なところあまり期待していなかったのですが、「最近、市内の土地を購入しました」というお話。俄然、張り切った私は、一生懸命アピールし、何とかご自宅でのアポイントをいただきました。

次の日の夜、ご自宅に伺うと、またご主人のみがご在宅でした。私は「奥様はいらっしゃらないのですか？」とお尋ねしたところ、「実は今、ちょっと体調が思わしくなくて、入院しているんです」とおっしゃいました。私は「そうですか……」と返事をする以外になく、商談に入りました。

ご主人は、どこから見ても〝超〟が付くほどのイケメンで、部屋にあった写真の奥様も、ものすごく美人でした。いわゆる美男美女のとても幸せそうなご夫婦で、「このお二人ならどんな家が似合うだろう?」などと勝手にイメージしながら、三井ホームの住まいづくりのコンセプトや商品のバリエーションなどを熱く語りました。ご主人からは「三井さんの考え方、すごく気に入りました」とお褒めの言葉をいただき、いよいよプランをつくることとなりました。

すると、ご主人は「間取りは妻が中心で考えますので、ご足労ですが入院先まで来てくれませんか?」とおっしゃいました。営業としてはスタートがやや遅かった私は、心の中でこぶしを握り締め、自分一人で業務依頼をいただけた喜びでいっぱいになりました。

しかし、次のひと言でその気持ちが一変しました。

「来週、名取のがんセンターまで来てください」

「な・と・り・の・が・ん・せ・ん・たー……?」

私の思考は完全に停止してしまいました。確かに、ご主人からは奥様が入院しているとは聞いていましたが、まさかそこまでの話だと思いませんでしたので、私はどうしてよいかわからなくなり、その場では「大丈夫です。行きます！」とだけ伝えました。

次の週末、病院へ行くとご主人がエントランスまで迎えに出てくれていました。

「こんなところまで、すみませんね」

私は心の中で「こちらこそ、すみません」とつぶやきながら、ご主人の案内で病院の談話室に通されました。

そこでお会いしたのは、写真に写っていた人とは違い、帽子をかぶり、顔色は青もしくはグレーに近く、もともとスリムでいらっしゃるのに、さらに痩せている女性でした。席に着くと、ご主人から「妻です」と紹介されました。

私は、商談に入る前に、どうしても伺いたい質問をぶつけることにしました。

「どうして、家をお建てになろうと思われたのですか？」

それは、本当に率直な私の気持ちでした。奥様ががんに侵されている状況で、家を建てることなど、当時の私には理解できなかったのです。

するとご主人が、「それはそうですよね。驚かれますよね、普通は。でもね、私は妻に自分の気に入った家を建てるということで、『生きる希望』を与えてあげたかったんです。それが、私たちが家を建てる理由です」

私は、ご主人の奥様への深い愛情に涙が出そうになりました。そして、こんなふうに家を建てる方がいるということ、また、そういう方の人生に関わることができる喜びを実感しました。


その後、打合せはスムーズに進み、正式な契約を結びました。病気のこともあってお引渡しは急がれましたが、事情を知った現場の皆さんの理解と協力のもと、工事はとても順調に進みました。

とりわけ私を驚かせたのが、打合せのたびに奥様の顔色がよくなっていったことでした。奥様は、竹や籐などでつくられた素朴で温かみのあるバリ島の家具が好きで、新しい家にもそれらをインテリアに活かした、素敵な空間を思い描いていらっしゃいました。そうした夢をあれこれと語りながら、本当に楽しそうに打合せをする姿は、生きることへの希望に満ちあふれていました。

お引渡し時には、奥様は無事に退院され、その後も病気が悪化することもなく元気に過ごされているそうです。当時、まだ赤ちゃんだったお子様も、今では小学生だとか。あの写真に写っていた頃の幸せいっぱいのご家族が甦《よみがえ》っていることでしょう。

この体験によって、私は「家族の絆って、素晴らしい」と感じると同時に、病気に打ち克つような夢と希望を与えることができる「家が持つ素晴らしい力」に感動しました。

また、「お客様が家を建てるのには、必ず理由や動機がある。それを知ることで、お客様の気持ちに少しでも近づき、お客様にとって最高の家を提案したい」と心から考えるようになりました。

父がつないでくれた縁

営業・男性

入社三年目にお手伝いさせていただいたお客様で、水戸様という方がいらっしゃいました。水戸様は婚約中で、ご結婚された後の新居を三井ホームで新築される予定でした。お正月にモデルハウスに来場され、その年の四月にご契約。年末に結婚式があるため、それまでのご入居を希望されており、打合せも順調に進み、着工日となりました。

その日は地鎮祭の後、ご両家で結納を交わされることとなっており、地鎮祭にも両家のご両親が参加されることになりました。水戸様にはご両親がいらっしゃらないため、叔父様ご夫妻が代わりに地鎮祭に参列してくださいました。

地鎮祭の前に、水戸様の叔父様にご挨拶させていただいた時です。

「三井ホームの薬師寺です。よろしくお願いいたします」

「薬師寺さん？　珍しい苗字ですね。ご親戚に設計事務所をされている方はいらっしゃいますか？」

「私の父がそうですが……」

偶然にも、設計士をしている私の父が担当させていただいたのがこの叔父様のご自宅で、当時の家づくりの経緯や打合せのこと、住んでからのことを懐かしくお話しくださいました。

水戸様ご夫妻も、叔父様が三井ホームでご自宅を建てたことは地鎮祭までご存じなかったそうです。

私は、大変驚いたのと同時に「人と人はどこでつながっているかわからないものだ」ということを感じました。

この一件で、自分の目の前にある仕事を誠実にすることが大切だということに気づかされ、また、三井ホームを通じて自分の父親と仕事でのつながりを持てたことにも感謝した一日でした。

家づくりは人づくり。人生をも変えるもの

事務・女性

趣味で知り合った友人の里美さんは、今は新築のお引渡しを終え、ご主人と猫二匹と一緒に、快適に三井ホームにお住まいいただいています。

契約当時、ご夫婦は里美さんの勤務先の社宅に住んでいらっしゃいました。ご両親との関係や仕事のことで悩んでいらしたご主人は心のバランスを大きく崩し、職場にも行けない、そもそも外に出ることすらできない状況でした。ご主人が会話をするのは、里美さんと、定期的に通っている精神科の先生の二人だけでした。

そんな中、ご主人がインターネットで分譲されている土地を見つけ、里美さんから「家を建てる計画をしたい」と声をかけていただいたのです。

「主人が、こんなに生き生きしていることがうれしい。だから、前向きに家の計画を考えたいの」

と、里美さんはうれしそうにおっしゃり、ご契約をいただけました。

しかし、里美さんにとって、それは大きな決断でした。

もしかしたら、ご主人はこのままずっと仕事にも行かれず、ローンも一人で払わなければいけないかもしれない……そんなことを考えながらの決心だったのです。


ご主人は、里美さんと精神科医の先生以外に「他人と会う」というのはかなり久々なことなので、それによってまた心が不安定にならないかとても心配だったと、後で里美さんから伺いましたが、ご主人は営業担当、設計士、インテリアコーディネーターに会って打合せは順調に進みました。

そして、無事に着工。ご夫婦は建物が完成する様子を楽しんでくださいました。お引渡し後、間もなく、里美さんが次のようにお話しくださいました。

「建物の出来上がりとともに、彼が立ち直ったの。建物の基礎や土台ができて、上棟の頃には彼もだいぶ回復してきたの。外が出来上がり、中も少しずつ出来上がって……。彼も今はもう、完治したと言えるくらい。三井ホームに感謝しています」

続けてこうおっしゃいました。

「家づくりのエピソードとして、ぜひ我が家のことを会社で話してね」

各担当者に対してもとても感謝してくださり、「皆さんに会えなくなるのが寂しい」とまでおっしゃっていただきました。

まさに、家づくりは人づくり。人生をも変えるものなのだと、里美さんの家づくりのお手伝いをさせていただいて実感しました。

十四年間想い続けた、憧れの家

事務・男性

当時、私は広告宣伝担当者として、「チューダーヒルズ」という商品のカタログ制作に関わっていました。欧米の伝統様式の住宅を再現したチューダーヒルズは一九八三年に誕生して以来、多くの方々を魅了してきましたが、実に十九年ぶりのリニューアルを果たし、二十一世紀の新たなチューダーヒルズとして発表されたのでした。

新しいカタログには、特別企画として「いつまでも色褪せない憧れの邸宅」というチューダーヒルズの建築実例を紹介するページを設けたのですが、その取材のために、滋賀県の伊藤様をお訪ねした時のことです。

伊藤様邸のカーポートには、英国車が二台並んで置かれ、グレード感あふれるチューダー様式の佇まいを一層、引き立てていました。撮影は順調に進み、伊藤様のインタビューを始めさせていただこうとした時、おもむろに奥様が年季の入った新聞とカタログを持って来られました。

「私がずっと大切にしてきた、宝物です」

それは、一九八三年当時の、チューダーヒルズ誕生を告げる、三井ホームの新聞広告とカタログでした。

「イギリスの伝統を、父に。アメリカの自由を、母に」

というキャッチフレーズと、洗練されたイラストが印象的な紙面は、数ある住宅広告の中でも際立って高いクオリティを感じさせるものでした。

当時、奥様は二十歳前後で、多感な青春時代を過ごしていらっしゃった頃ではないでしょうか。いつの時代も、若い女性たちにとって海外旅行は一つの憧れかと思いますが、一九八三年頃といえば、今ほど安価に海外旅行を経験できたわけではありません。その分、アメリカやヨーロッパの美しい風景や洗練された文化を夢見た方たちが多かったと思います。

私の勝手な想像ですが、この新聞広告やカタログに写し出されたチューダーヒルズの佇まいに、奥様は欧米の暮らしや文化への夢を重ね合わせたのかもしれません。チューダーヒルズの新聞広告を見て、「将来、こんな家に住んでみたい！」と、その広告とカタログを大切にしまってあったそうです。

その後、結婚され、なんと十四年間も憧れ続けていた念願のチューダーヒルズをお建てになられたというわけです。

建築当時の営業担当者によれば、誕生から十四年を経て、チューダーヒルズはすでに商品ラインナップから消え、手配が難しい部材もあったそうです。昔の図面や写真をもとに極力イメージに近い部材を用意するなどの苦心がありながらも、営業・設計・工事が全力で取り組んだ結果、屋根の勾配、玄関ポーチの形状や部材、それぞれ独立させたダイニングとリビング、ダイニングの吹き抜けに面した大きな窓など、チューダーヒルズの特徴である外観や間取りが、誕生当時そのままに再現されたとのこと。その話を聞くと、まさに奥様の積年の想いをここに集結した感がありました。

伊藤様の取材を通じ、さまざまなことを考えさせられました。とりわけ、時代を超えた商品の影響力と広告の重要性を再認識したのは、この時でした。

今という時代、スピードや効率が求められるあまり、ともすれば広告も即効性のあるアプローチに走りがちです。

もちろん、それも重要なことなのですが、三井ホームの広告はそこにとどまるのではなく、長くファンでいてくださる方々、今すぐの計画でなくても次の時代まで想いを抱き続けてくださる方々、そんなすべての皆様に対して常に発信し続けていくことが大切なのではないかと感じたのでした。

「三井ホームは単に家を売るのではなく、お客様に夢をお売りする会社なのだ。三井ホームは、憧れの家でないといけない！」

と、いたく感激したことを、今でもことあるごとに思い出します。

ピュアなまなざしに見守られて

営業・男性

本当に偶然なのですが、同じような出来事を二度も経験したことがあります。

一度目は、賃貸併用住宅を建築していただいた、江川様というお客様とのエピソードです。お引渡し後、十五年ほど経過して江川様をお訪ねした時のことです。

ご家族は五人、お母様とご夫婦、兄と妹の二人のお子様。建築当時、二人はまだ小学生で、いつも元気よく挨拶をしてくれる可愛いお子様たちでした。

久しぶりに再会したご夫婦もお母様も皆、お元気で、私の訪問を歓迎してくださいました。きちんと掃除が行き届いたお住まいは、十五年も前の建物とは思えないほど、素敵な姿を見せていました。

会話は弾み、お子様たちの話になりましたが、ここで思わぬ質問がありました。

「息子はもう社会人になって仕事をしているんだよ。大学の専攻は何だったと思う？　どんな仕事をしているかわかる?」

　ご主人にこう問われたのですが、私にはまったく見当がつきません。

「大学では建築を勉強してね。今は、あるメーカーで施設建築の設計担当をしているんだよ。あなたのような住宅建築の後輩にはなれなかったけどね……」

　驚きました。江川様は、私の大学のこと、家族のこと、父のこと、いろいろな話を覚えていてくださいました。

　家づくりを私とともに進めている時のあれこれがよほど印象的だったらしく、お子様の進学や就職の時期には、建築や私のことがたびたび話題になっていたご様子でした。残念ながらご子息が学ばれた大学は私と同じではありませんでしたが……。

　二度目は、山形様とのお話です。ご主人は大学教授で、二人のお嬢様はともに高校生。担当時の私は営業社員数名で構成されたチームのリーダーで、忙しく駆け回っていました。

　基礎工事まで順調に進行した時、工事担当者から相談がありました。

「配置を一五〇ミリ西側にずらして工事してしまい、和室の出床(床間)を削らないと納まりません」

忙しさを言い訳にして許されるようなミスではありません。とにかく誠心誠意を心がけ、山形様宅へ何度か足を運びました。お詫びの上、面談を重ね、基礎解体をして再施工させていただくというご提案をした時、山形様はおっしゃいました。

「せっかく綺麗につくっていただいた基礎を壊すのは忍びない。ご近所の皆様にも申し訳ない。書庫も考慮した頑丈な基礎を壊すには、多大なるご迷惑をおかけすることになる。私たちが納得できるように設計変更をしてもらいたい」

感動しました。頭が下がりました。

その数年後、奥様から年賀状をいただきました。うれしいお便りでした。

「下の娘が昨年、無事に大学生になりました。M大学の建築学科に進みました。貴方の後輩になるなんてね」

お嬢様も、住まいづくりを通じて住宅設計の面白さを体験したことが、進路決定のきっかけになっているのかもしれない、ということでした。

山形様からは、お嬢様たちがお読みになられた段ボール箱数個分の子ども向けの本をいただきました。私の娘二人は、たくさんの本に囲まれて楽しい時間を過ごし、読書を楽しむ習慣ができたようです。

私たちの仕事は、本当にたくさんの人とのつながりと協力で成り立っているのだと感じます。いろいろ大変なことも起こりますが、決して下を向かず、お客様のためにできることを、周囲を巻き込みながらしっかりとやりきっていくことが重要だと思います。

そして、お施主様にご満足いただくことは大切ですが、それだけではなく、私たちの仕事の近くには、感受性豊かな、ピュアなまなざしで私たちを見守ってくれている子どもたちがいます。気づかないうちに、住まいづくりを通じて、その多感な子どもたちに大きな影響を与えている。そんな、次の時代に夢を託すことのできる貴重な仕事でもあると、日々実感しています。

目に見えない絆を感じた瞬間

営業・男性

オーナー様へ来年のカレンダー配りも終えた師走の日曜日。モデルハウスに中井様とおっしゃる一組の二世帯家族が来場されました。

見るからに上品なご家族の男の子は、挨拶がきちんとできるだけでなく、靴を揃えて脱ぐお利口さん。その様子を見て私は、「三つ子の魂百まで」、人間の基礎は「親の影響」や「生まれ育ち」なのだな、との思いを一層強めました。

すでに、二世帯住宅を得意とするA社、全国で最も建築実績のあるS社を検討中とのことでしたが、何とかプランヒアリングのアポイントを取り付けることに成功しました。

翌週日曜日の午後、営業担当として「『絶対に外してはいけない時』があるとしたら、この日のヒアリングの打合せだ」との強い思いを胸に、玄関のチャイムを押しました。

ご家族のやさしい笑顔に迎えられ、リビングに通されました。ひとしきり雑談をした後、ご家族皆様の一人ひとりと目を合わせながら、「それでは……」といよいよ商談に入ろうとした時のことです。

リビングに続く和室の仏壇の上に飾られている、三歳くらいの女の子の写真に目が留まりました。その瞬間、お客様の家のすぐ近くに、道路幅にしては少々大げさな真新しい歩道橋と、その脇に一輪挿しの花瓶に小さな花が供えられていたことが、なぜかその女の子の写真とシンクロしたのです。おそるおそるお尋ねしたところ、私の懸念は的中していました。奥様の横におとなしく座っている男の子には、「さくらちゃん」という妹がいたのです。

私はできるだけ明るい口調で「お参りさせていただいても、よろしいでしょうか?」とお願いしたところ、皆様は少しびっくりしたご様子でしたが、すぐにお祖母様が「それはご丁寧にありがとうございます。さっ、どうぞ、どうぞ」と仏壇の前に座布団を用意してくださいました。

仏壇の前に進み、女の子の写真に手を合わせると、中井様の亡くなったお嬢様を想う気持ちと、一か月後に生まれる予定の子どもを何よりも優先する私自身の気持ちが複雑に絡み、行き場のない想いが込み上げてきました。

お参りを終え、皆様と同じテーブルに着いてから、ひと言申し上げました。

「天国のさくらちゃんにも喜んでもらえるような、素晴らしい家づくりをしましょうね」

その瞬間、奥様の目から大粒の涙があふれ、それが嗚咽へと変わりました。私も耐えきれずに涙し、それにつられるようにその場にいた全員がしばらくの間、無言で、涙の時間を共有しました。

気を取り直して計画のヒアリング、ディスカッションをしましたが、今となってはその具体的な内容についてはまったく憶えていません。

打合せを終え、同じ時間を共有できたことに感謝を申し上げて失礼しようとしたところ、ご主人より「ちょっとお待ちください」と呼び止められました。

「本当に、私たちのさくらが喜ぶような、いい家にしていただけますか?」

ご主人が真剣な表情で私にそうおっしゃった瞬間、ご家族全員の視線が一斉に私に集まりましたが、そのまなざしはやさしく、ある期待感をもって私の返事を待っているご様子。この私が、中井様ご家族の大切な想いがこもったマイホーム計画のパートナーとしてふさわしい人間か否か、住宅の機能・性能や提案がどうこうということよりも、私自身の人としての資質を見極められているのだと、瞬時に感じました。

私は居住まいを正し、「中井様ご家族のパートナーとして私を選んでいただけるのでしたら、こんなにうれしいことはありません。お役に立てるよう、心をこめてお手伝いさせていただきます」と申し上げました。

するとと、打合せの際には寡黙だったご主人が、笑顔で握手を求めてこられました。目に見えない絆を感じたこの瞬間、今度は、私一人が涙を流すこととなりました。

次の週からライバル会社の存在は消え、順調にご契約。素敵な二世帯住宅が完成しました。お引渡しの日、中井様ご家族の喜ぶご様子を見て、「この仕事に就いてよかった」と心の底から思いました。

中井様。あの時の我が家の長男は、今月、十六歳の誕生日を迎えようとしています。毎年、彼のバースデーケーキに灯すロウソクの明かりの向こうに、さくらちゃんの笑顔が浮かぶんですよ。

「こんなに綺麗な家を建てていただいたのだから、頑張って長生きしなきゃ‼」

営業・男性

お客様の言葉が琴線に触れ、涙が止まらなくなった話です。

前田様の奥様は、ご子息から肝臓移植を受けたものの、その後の副作用に苦しんでおられました。特別な治療が必要とのことで、たびたび大学病院に入院されていました。

そこで、ご主人とご子息が考えたのは、「苦しんでいる奥様（お母様）のために、綺麗な家で最期を迎えさせてあげたい」と、家を建て替えることでした。

その想いに応えたいと私は知恵を絞り、無事契約となりましたが、当然、奥様は打合せにはほとんど参加できず、クロス（壁紙）のサンプルを病院に郵送しながら話を進めていきました。着工してからも、奥様の病状は「竣工まで命が持つかどうか……」という状況でした。

そして、ついに竣工。その時、ちょうど退院された奥様がこうおっしゃいました。

「とっても素敵、本当にありがとう！」

「こんなに綺麗な家を建てていただいたのだから、頑張って長生きしなきゃ‼」

恥ずかしながら、私は涙が止まりませんでした。

それから五年。前田様の奥様は、毎日愛犬のお散歩をしているほど、お元気でいらっしゃいます。

営業冥利に尽きるひと言をいただいて

営業・男性

以前在籍していた古巣の静岡支店に十年ぶりに戻ってきたある日、突然、以前担当させていただいたオーナーの奥様から事務所に電話が入りました。

お引渡しをさせていただいてから、実に二十八年の月日が経っており、その間もとくにお会いする機会もなかったのですが、そのお客様はご両親も当社で建築していただいている〝三井ホームファン〟でしたのでとても印象に残っており、お声を聞いた瞬間に当時の記憶と奥様のお顔が頭の中に鮮明に甦りました。

私が「大変ご無沙汰しております！」と言うと、奥様は「全然ご無沙汰じゃないですよ。いつも暑中見舞いと年賀状をありがとう。あなたの近況は知っています。静岡に戻ってきたのでしょう？」とおっしゃいました。はがきに記載していた私の勤務先の住所が変わったことで、静岡に異動になったことをご存じだったようです。

「今度、うちの娘を連れて挨拶に行きたいのだけど、あなたの顔を見に行ってもいいかしら？」

当時、小学生だったお嬢様についての記憶はほとんどなかったのですが、喜んでお待ちすることにしました。

そして当日。二十八年前とまったく印象が変わっていない奥様と、ほぼ初めてお会いするお嬢様を応接室にお通しすると、奥様が開口一番、こうおっしゃったのです。

「今度、この娘の家を建てることになったので、よろしくお願いします」

私は長年、営業に携わってきましたが、これぞ営業冥利に尽きるというものです。もちろん、アフターメンテナンスを含めた当社と当社商品への絶大な信頼があってこそいただけた言葉だと思いますが、非常にうれしく、この仕事をやっていてよかったと心から思いました。

先日、お嬢様の素敵なお家も無事にお引渡しが終わり、親子三代にわたって当社建物での暮らしを満足していただいています。

お引渡ししてからも続く家づくり

リフォーム営業・女性

リフォームの部署でお仕事をさせていただいて一か月が経った頃、二世帯住宅にお住まいの五人のご家族と出会いました。最初のご依頼は一階にお住まいのご両親から、浴室の網戸交換でした。

リフォームのご依頼は、生活する中で発生した不具合も多く、決して前向きなものばかりではありません。

「見積りが高すぎる」とお叱りのお言葉をいただいたり、工事中に問題が起きたりもしました。それらをスムーズに解決するには、たくさんの知識と経験が必要であると強く感じる日々を過ごしていました。

そんな中、お父様から「二階に住んでいる娘がお手洗いを交換したいと言っているから、話を聞いてやってほしい」とご連絡がありました。

それをきっかけに、二階のお嬢様世帯のリビングのブラインド、キッチン、洗面所とたくさんのリフォーム工事のご依頼をいただき、気がつけばご家族とは四年のお付き合いとなっていました。

「もう、これで快適に過ごせますね」というお話をして半年くらい経った頃、お嬢様からお電話をいただきました。ご病気だったご両親が亡くなったため、マンションに引っ越そうかと悩んでいらっしゃいましたが、「でも、やっぱり家族の思い出がつまっているこの家に住み続けたい。気持ちが明るくなるようなリフォームの相談がしたい」とのご依頼でした。

ご両親との初めての出会いから、五年の月日が経っていた中でのあまりに急なお話に、私はしばらく言葉が見つかりませんでした。

お嬢様は気持ちの整理がつかず、しばらく何にも手がつけられなかったとのこと。でも、「少しずつ前を向いて行こうと思えるようになった。家の整理をしながら、一階の両親の部屋を、息子が過ごせるようにリフォームしたい」とお話ししてくださいました。

そしてそこから、新たな打合せが始まったのです。

出会った当初は幼稚園児だった息子さんは小学生になり、ご自分の部屋もリフォームしてみたいと、メモ用紙に手描きした図面を私に渡してくれ、その想いを形にしたいからと打合せにも同席してくださいました。私にとって、最年少のお客様です。

お父さんお母さんにあげる手作りマッサージチケットを貼るために「部屋の壁の一面をマグネットクロスにしたい」と言う息子さん。家はご家族一人ひとりの想いが集まってつくられていくものなのだと感じた瞬間でした。


一つの出会いから始まり、お客様が家を建て、その家で生活し、やがてご家族の形が変わり、それに合わせて家のあり方も変わり……と時間をかけて少しずつ、ご家族にとっての家づくりが完成していきます。

だからこそ、私たちリフォーム営業一人ひとりが、家づくりのプロとしての自覚を持ち、さらにお客様が過ごしやすいお住まいになるよう、日々努力していくことがとても大切だと感じています。

大変なことはたくさんありますが、最終的にお客様から感謝のお言葉をいただくことができた時は、毎回、本当にうれしく思います。

自分自身が、家づくりの担い手としてオーナー様と出会えることに感謝し、お客様のお気持ちを形にできるよう、これからも努めていきたいと思います。

「主人は、みんなで新しい三井ホームさんの家に住みたいという一心でリハビリをしていたんですよ」

営業・男性

私のお客様で、他社との検討をされていて「今晩、家族で検討して答えを出す」という方がいらっしゃいました。

ところが、翌日になってもご連絡がなく、当時の上司とアポイントもなしでお訪ねしたところ、奥様がこうおっしゃいました。

「連絡ができなくて、ごめんなさい。実は家族会議をして三井さんにしようと決めたその明け方に、主人が倒れてしまって連絡できなかったのです」

私たちは、絶句してしまいました。当然、計画は中止となりました。

それから約一年後、突然、奥様から「主人がリハビリを行なって退院したので、計画を再開したい」という連絡が入りました。

ご主人に配慮した間取り図に修正を施し、新たにご提案。ついに契約に至りました。

「主人は、みんなで新しい三井ホームさんの家に住みたいという一心でリハビリをしていたんですよ」

奥様から、とてもありがたい、忘れられないひと言をいただきました。

二年越しの二世帯住宅

営業・男性

その日、いつものように電話営業を行なっていました。名簿を見ていると、あるお名前に目が止まりました。二年前、計画延期となったお客様のお名前です。どうしていらっしゃるかなと思い、久しぶりにお電話をすると奥様が出られました。

「あら、三井さん。主人から、電話がありました？」

思いがけない言葉に、少し驚きました。

「いいえ、今のところご主人様からはお電話をいただいておりませんが、何かございましたか？」

とお返しすると、奥様はこうおっしゃいました。

「主人から電話があると思いますので、詳しくは主人から聞いてください」

心なしか、奥様の声は弾んでいるように感じられ、営業マンとしては浮き立つような思いで電話を切りました。

二年前、モデルハウスにお母様と息子様ご夫妻の三名で来場いただきました。計画の概要は、お母様がお一人でお住まいのお屋敷から歩いて五、六分のところに土地を買い求められ、息子様ご夫妻の単世帯のお住まいを建てる、というものでした。ついては、当社のほか二社、合計三社で比較検討したいとのことで商談が始まりました。

息子様ご夫妻のみの計画ではありましたが、打合せはいつも、お母様を交えてご実家の客間で行なっていました。

亡くなったお父様のお話や、ご夫婦にお子さんができないこと、お屋敷の広大な敷地の一部に貸している工場のことなど、さまざまなお話を伺いながら打合せは進んだのですが、結局、話がまとまらず、その計画は保留・延期となったのでした。


奥様とお話しした次の日、ご主人からお電話をいただきました。

「二年前は、いろいろとお世話になりながら、結局、お返事ができず申し訳ございませんでした。今回、あらためて二世帯住宅として計画を進めることになりましたので、またご提案をお願いしてもよろしいでしょうか?」

こちらとしては、お断りする理由はありません。「よろこんで！」とお返事をし、さっそくお伺いするアポイントをいただくことができました。

お約束の日、二年前と同じようにお母様がお住まいのお屋敷をお訪ねすると、お母様とご夫妻揃って迎えていただき、やはり二年前と同じように客間に通していただきました。勧めていただいた座布団に座り、再び声をかけていただいた御礼を述べ、天気の話などでその場の空気を作ったりしていると、三人が各々目配せをしながら、何やらもじもじなさっていました。そして、それぞれうなずきあったご様子の後、声を合わせて頭を下げられたのです。

「三井さん、よろしくお願いします」

私は一瞬、きょとんとしてしまいました。今回も当然、三社で比較検討されるのだとばかり思っていたからです。

「それは……当社にご発注いただけるということでしょうか？」

今思えば、少し間の抜けた感じでお尋ねすると、

「はい。家族で話し合った結果、三井さんにお願いすることに決めました。よろしくお願

いします」

三人とも満面の笑みで、そうおっしゃってくださいました。

お聞きしたところ、計画を再開するにあたり、「三社を比較する」という行為がつらいので、どこに依頼をするか決めてから声をかけよう、ということになったそうです。

そして、「三人でいっせいに意中の会社名を言いましょう」ということになり、息子様が「せーの！」とおっしゃると、

「三井さん！」

「三井ホーム！」

「三井！」

と、全員の意見が揃ったのだそうです。その理由をお尋ねしてみました。

「他の二社の営業マンは、とにかく自社のアピールとネガティブキャンペーンを行ない、これを建てましょう、それを建てましょうと繰り返すばかりで、打合せをしていて疲れてしまったのです。それに対して、三井さんは『本当にこのお家をお建てになりますか？』と、逆にこちらの計画を思い留まらせるような話をされた。これは、真剣に我が家のことを考えてくださっているんだなと、とてもありがたかったのです」

思い起こすと、広大な敷地に建つ立派なお屋敷にお母様がお一人で暮らしておられ、そのご長男と奥様の単世帯住宅を、わざわざ近所に土地を購入して建てるという計画に、私は少し違和感を抱いておりました。打合せの際も、和やかな雰囲気ではあったものの、どなたもが本音を隠して、その場を取り繕っているように感じられたのです。

奥様が、ご主人の親御様との同居を嫌がり、広い実家がありながらわざわざ単世帯を建てるお客様は珍しくありませんので、それはとくに不思議なことではないのですが、息子様はもちろん、奥様もお母様との同居をいやがっているようには感じられず、気丈なお母様は「ぜひ、素晴らしい家を建ててやってください」とおっしゃりながらも、どこか寂しそうなご様子でした。だから、私は「本当にこのお家をお建てになりますか？」と言ってしまったのだと思います。

結局、私のそのひと言が引き金となり、「計画を一旦、保留にしよう」ということになったのだそうです。

お話を伺ううち、「計画は保留」という返事をいただいたとき、自分は三人の計画に水を差すようなことを言ってしまったのではないか、大変失礼なことをしてしまったと悔やんだことを、思い出しました。

この件で私は、人も家族もさまざま。価値観も考え方もみな違うのだ、ということをあらためて実感し、また「何が幸いするかわからないな」とも思ったものです。


後日談ですが、無事お引渡しをしたその年の暮れに、年末のご挨拶にお伺いすると、待ってましたとばかりに客間に通していただき、お茶とお菓子で歓待を受けました。お家の住まい心地などをお聞きしてみると、またあの日と同じように三人は目配せし合っていらっしゃいます。これは、何かいいことがあったのかな？　とお待ちしていると、お母様と息子様がうなずいた後、奥様が恥ずかしそうにおっしゃいました。

「子どもができました」

私は、自分のことのように、飛び上がるほどうれしく思いました。科学的根拠はまったくありませんが、「三井さんのお家のおかげです」と、息子様がおっしゃってくださった時、まんざらでもないという感じの「ドヤ顔」をお見せしてしまったことを、今でも憶えています。

三十年目の再会

営業・男性

友人が私の勧めで建てた三井ホームに住んでいるのですが、「そのお嬢様にも三井ホームを建てていただいた」といううれしいエピソードを先日聞いて、私も歳をとったな、と実感しました。

しかし、親子で三井ホームを選んでもらえたといううれしさが高まってきて、話さずにはいられなくなり、誰彼となく吹聴しました。もちろん、私自身が歳を感じたということは隠して……。

うれしいことは続くもので、その後、これに勝るとも劣らない「いい物語」に遭遇することになりました。

それは、思いがけない人からの一本の電話で始まりました。電話の主は、三十年前に横浜の洋光台で三井ホームをお建ていただいた山川様。初めてお会いした時は、お相撲さんのように恰幅のよい、長髪がなびくような四十代半ばの働き盛りとお見受けしました。そして、その側には清楚で慎ましい感じの奥様が寄り添っていらっしゃいました。

お引渡し後もずっと年賀状は差し上げていたので、私の異動先はご存じでした。そこに、突然のお電話です。

「私も七十五になった。そろそろ冥土の土産にあなたに会いたい。会って、感謝の意を表したいので、うちに遊びに来ないか」

数週間後、たまたま神奈川県庁に行く用事ができたので、そのついでと言っては失礼ですが、三十年ぶりの再会を果たすことになりました。

駅には、ご夫婦お揃いで迎えに来てくださっていました。ご主人は脂っ気が抜け、体も絞っておられたものの、私には当時のご主人の風貌も、端正な顔立ちの奥様の姿も、三十年の歳月を越えて瞬時に思い出すことができました。

ただし、私は当時からは十キロ近くも痩せていたので、ご夫婦にはイメージがダブらなかったようです。それでも、簡単な挨拶を交わしただけで、奥様から「声の調子は昔と変わらないわ」と言われ、うれしい気分に浸りました。姿はともかく、声だけは若い！　そうありがたく解釈させていただきました。

お住まいは、築後三十年には見えませんでした。お引渡しした時の庭は、あまり印象に残っていませんでしたが、この日、拝見した庭にはよく育った樹木だけでなく、小鳥の巣箱も用意されていて、三十年の歳月がしっかり刻まれていました。

お互いに「蕎麦好き」だという事前の会話があったためか、当日はすこぶる美味しい蕎麦を用意してくださっていました。なんでも、近所にあった美味しい蕎麦屋さんが最近引っ越してしまったとのこと。山川様は、わざわざそのお店に出向いて買い求めてきてくださったのだそうです。

しかも、そこに揚げたての天ぷらを添えていただくという、なんともありがたいお昼となりました。

仕込んでいる間は居間で待つように言われていましたが、私は心が浮き立ってきて、ご夫婦揃って忙しく準備されている側まで椅子を引っ張っていき、お互いがいかに蕎麦好きかという話に夢中になりました。さぞ、お邪魔だったことでしょう……。

心がこもっていて、どんな名店のものよりも美味しい、心温まるお蕎麦でした。

会話は弾み、お互いの孫の話などにも及びましたが、山川様は繰り返し、私と三井ホームへの感謝の言葉を述べられました。当時を振り返り、「あなたが、家を建てるという一生に一度の大仕事を決断させてくれたから、今の私たちがいる。あの時、私たちの背中を押してくれて、ありがとう」という気持ちを、私に精一杯伝えてくれようとされたのだと思います。「冥土の土産に」なんて、照れ隠しでおっしゃったのに違いありません。

「あの当時、主人は公私ともに忙しくて、家に帰れないこともあったけど、今こうしてここに収まったのを見れば、ここもまんざらではなかったのでしょう」

という奥様の最後のひと言が印象的で、「ああ、いいご夫婦だな」と思いました。

その晩、心地よい余韻に浸りながら床に就き「十年後、私も、あのように妻に言ってもらえるだろうか」と自問自答しているうちに、想いは再びご夫婦に還っていくのでした。

住まいづくりとは、単に喜んでいただけるもの、ご満足いただけるものをお引渡しして終わりではなく、お付き合いを続けることで三十年も経った後に、またお礼の言葉を頂戴し、こちらが幸せにしていただけるような仕事なのだと、あらためて実感しました。

幸せのプロデューサー

スタッフ・男性

二〇〇〇年、三井ホーム初の海外イベント『ツーバイフォーフォーラム in California』が開催されました。これは、この年ご契約いただいたお客様から抽選で五十組一〇〇名をロサンゼルスまでお連れし、アメリカ西海岸のモデルハウスやインテリアショップの見学、現地インテリアデザイナーとのセッションやお買い物を楽しむなどの楽しい企画を盛り込んだ豪華なツアーで、当時、私はそのイベントを主催する広告宣伝課の責任者であったため、ツアーに同行しました。

出発前の参加者の皆様は、これから始まるアメリカツアーへのワクワク感と三井ホームを建てる期待感に胸が膨らんで、集合場所となった成田空港の団体待合室は、すでにハイテンションな空気に包まれていました。

しかし、その中になぜか一組だけ、少し暗い雰囲気を醸し出しているカップルがいらっしゃいました。それは、北関東にお住まいの歯科医で、まだ三十代前半の小川様ご夫婦でした。ツアーは三泊五日の予定でしたが、小川様はあらかじめ「四日目から別行動をとるので、最初の三日間だけ参加したい」とのご希望でした。

空港の待合室でのお二人の雰囲気が少し気になりましたが、そのまま出発。ロサンゼルス到着後、皆様で予定通りの楽しいスケジュールをこなしていきました。私は小川様とも親しくなっていましたので、疑問に感じていた四日目以降のご予定について尋ねてみました。すると小川様は、次のようにお話しくださいました。

「実は、私たちはお互いの親の反対を押し切って結婚をしたのです。三井ホームさんで家を建てていただくことにはしましたが、結婚式をまだ挙げていないので、二人だけでニューヨークの教会で挙式しようということになりました。教会を明後日に予約しているので、皆さんと別れて今晩の便でニューヨークに向かいます」

突然のお話に、私は「どうぞお気をつけて。お幸せに」と言うのが精一杯で、言葉を継ぐことができませんでした。

小川様ご夫婦は夜八時にホテルを出発されるというので、私はせめて空港までが楽しい時間であるように、担当のホテルスタッフに説明し、ハリウッドスターが乗るようなロングのリムジンを手配してもらいました。また、すでに仲良くなっていた何名かのお客様にも事情を説明し、出発の際のお見送りをお願いしました。

そして八時。なんと、ホテルのロビーは、私の話を聞きつけた三井ホームツアーのお客様全員が待ち受けるという盛大な雰囲気になっていました。

やがて、エレベーターを出てこられた小川様ご夫婦は、ホテル側の配慮でエレベーターの前から玄関先まで長く敷き詰められた、真っ赤な絨毯とその周りを祝福の嵐で迎える大勢の人々にびっくり。お二人に大きな花束をお渡しした瞬間に、ロビーの真ん中に置かれたグランドピアノから突然、ウェディングマーチの生演奏が始まったのです。

これほどのサプライズはありません。長い絨毯の上を、手を取り合って歩き、玄関前のリムジンに到着する頃には、小川様ご夫婦の顔も私たちの顔も涙でぐちゃぐちゃでした。

それから半年後、小川様からはニューヨークでの素敵な結婚式の思い出と、工事が始まった三井ホームへの期待にあふれた、幸せいっぱいのお葉書をいただきました。

その時、私は確信しました。「私たちの仕事は、単に家をつくり、お渡しするだけではないのだ」と。

家を建てるということには、誰もが言い尽くせない期待感や夢を抱いています。誰もが家づくりに自身のストーリーやドラマを描こうとしています。そのストーリーをお客様の期待以上に高めていくことが、私たちの役目。

私たちは、家族の幸せを創るプロデューサーでもあるのです。

お客様と、竣工前に現場に一泊

営業・男性

とあるお客様とのエピソードです。

丸山様は、ご実家で営まれているお蕎麦屋さんを継ぐために、ご実家の近くに自宅建築を考えているお客様でした。

商売繁盛の観点から、丸山様のご両親は家相にとてもこだわっていらっしゃり、その内容を反映させた上での打合せを行なっていました。その打合せも滞りなく進み、着工日もご家族の皆様にとっての吉日を選び、着工を迎えて一段落した、とある日のこと。丸山様の奥様から、一本の電話がありました。

「家相のことですけど、義母から電話があり、実はまだ注文があったらしくて……」

奥様はとても恐縮したご様子でしたので、私は間取りについてのお話だと思いました。もう基礎も着工しているし、これはおおごとになりそうだなと案じながら「どのようなことでしょうか?」とお聞きしました。すると奥様は、次のようにおっしゃったのです。

「間取りについては全員が満足しております。実は、家相を見てくださる先生から、建築中に、施主の吉日に一泊しなければいけないとの話があり、どのようにしたらよいかわからず、相談させていただきました」

家相を大切に考えられているお客様のお手伝いは何度も経験させていただいていますが、「建築中に一泊したい」とのお申し出は初めてで、いろいろなことが瞬時に、私の頭をよぎりました。

安全管理の面から、お客様ご自身だけでお泊まりいただくわけにはいきませんし、私が行くにしても、私の住まいは横浜で、建築場所は房総半島の先端。すぐに行ける距離ではありません。

また、日程によっては基礎工事中や壁も窓もない上棟の時期もあります。竣工間近だったらよいのですが、最悪の場合、野宿……？

奥様には、「なるべくご期待に添えるようにいたします」とお伝えし、電話を切りました。すぐに上司に相談すると、「営業担当者なんだからお前が行くしかないんじゃない？」と、まだ日程が決まっていないのにもかかわらず、翌日、寝袋を持ってきてくれました。

幸いなことに、指定された日が竣工間近だったため野宿は避けられましたが、車を運転しながら、途中でお風呂に入って行こうか、夜、トイレに行きたくなったらどうしようか、灯りがないけど大丈夫か等々、あれこれ考え丸山様のご実家に向かいました。

二時間強を経て到着した後は、予想を上回る好待遇に先程までの心配が吹き飛んでしまいました。

私は、ご実家がお蕎麦屋さんだということをすっかり忘れていました。お蕎麦をごちそうになりお風呂に入らせていただいた後、丸山様ご夫妻と一緒に、街灯の灯りを頼りに現場に足を運びました。この時、当社のスタッフの心遣いに、お客様と私、ともに感銘を受けたことがありました。

現場の仮設電気はすでに撤去された後でしたが、工事担当の大岩さんが、今夜私たちが泊まりに来ることを知っていて、わざわざ再び仮設電気を日中に取り付けてくれていたのです。

「こちらの無理なお願いに、それもたった一晩のために、こうして電気を手配していただけるなんて」

と丸山様ご夫妻はとても喜んでいらっしゃいました。

しばらくご夫妻と一緒に竣工目前の家の出来栄えを見た後、私は客間の和室へ、そしてご夫妻は主寝室へ。なんとも不思議な感じで、一つ屋根の下、一夜を過ごしました。

翌朝、早々に丸山様のご実家で朝食をいただき、長距離出勤。モデルハウスに到着後、通常業務に戻りましたが、その日に接客したお客様がタイミングよく家相を気にされていて、思わず笑いそうになってしまいました。

現在、丸山様のお店は大変繁盛され、ご自宅にも快適にお住まいいただいています。

この人のために

営業・男性

あるドクターの開業を担当したときの出来事です。

大下先生は県立病院の外科部長で、翌年には院長になる予定でした。しかし、自分が生まれ育った地域で、お世話になった人たちのための医療がしたいということで、自ら診療所の開業を決心されました。

ところが、開業希望地域には、土地を売ってくれる人がなかなか見つからなかったのです。

そこで、空きが多い駐車場がたくさんあることに目をつけてその所有者を探し出し、一件一件、事業用借地権で土地を貸してくれるようお願いして回りました。なんとか応じてくれる地主さんが見つかり、契約。次の問題は、来院患者数の確保でした。その地域は、どちらかというと排他的で閉鎖的、新しいものは受け入れられにくい土地柄だったのです。とにかく、一番の心配事は来院患者数の確保でした。

開院後の来院患者数を計るバロメーターとして「内覧会」があります。そこで、内覧会に二〇〇人の方が来てくれることを目標に、認知活動を始めました。

地域の方々に、新しい診療所ができることを認知してもらうため、チラシを作り、喫茶店やスーパー、お寿司屋さんに置かせてもらったり、公民館で「認知症予防セミナー」を開催したり、競合となる診療所に患者として行き、その診療所で行なっていない医療を取り入れたりもしました。

その後、建物が完成し、いよいよ内覧会の日となりました。午前中は、見学者がたった八人。「やっぱり、だめか……」と思いましたが、お昼を過ぎるとみるみる数が増え、準備していたジュースやお茶がまったく足りず、買いに行ったほど。夕方、内覧会を終了した後、集計してみると見学者の数は四〇〇人を超えていました。

その日、私は駐車場で見学者の受付対応とお帰りになる方のお見送りをしており、気がつくと一日中、炎天下にいたので、顔も腕も真っ赤に日焼けしていました。私の顔を見て、大下先生の奥様が言葉にならない声で、目に涙をいっぱいためてお礼を言ってくださったことが、今でも忘れられません。大下先生も、満足しているご様子でした。

今では、大下先生の診療所は一日に二〇〇人近い来院患者数を確保しておられ、順調な経営状態を維持していらっしゃいます。昨年、診療所の近くに土地を購入され、ご自宅を三井ホームで建築してくださいました。その後、診療所の増築のご契約もいただきました。

「この人のために」と思い、誠心誠意やったことは、絶対に裏切られることがない。そして、何よりもお客様の幸せに自分が貢献できているということを実感できたエピソードです。

いつもお客様の気持ちに寄り添って

営業・男性

「来週末、息子（亮太君）の誕生日パーティーをするから、おいでよ」

ちょうど一年前にお引渡しをした渡辺様からご連絡をいただきました。

渡辺様と出会ったのは、私が新人の頃でした。奥様がモデルハウスにご来場され、翌週に計画のヒアリングのアポイントを取ったものの、アポイント当日に渡辺様から「先日は妻が勝手にお約束をしたようで、申し訳ありません。実は昨日、他のメーカーと契約してしまったのです」と、お断りのご連絡が入りました。

ところが、その四か月後、渡辺様が契約されたメーカーが倒産したというニュースが飛び込んできたのです。

「そういえば渡辺様は……」

実は、渡辺様の奥様とは、モデルハウスにご来場いただいた時の一度しか会ったことがなかったのですが、当時一歳になったばかりの亮太君に私がなつかれていたこともあり、とても印象に残っていました。

メーカー倒産のニュースを聞いてすぐ、失礼だとは思いながらも渡辺様のお宅をお訪ねしてしまいました。今考えれば、「倒産を聞きつけて来た嫌な営業担当」と思われたことでしょう。

結局、そのまま三井ホームでご契約いただきました。そこまではよかったのですが……。


渡辺様は二世帯住宅のご計画で、親子でのローンの申し込みや残債抹消……等々、初めて経験することばかりで、未熟な私の段取りが悪く、着工直前にローンが付かないという大問題が勃発。渡辺様からは大変なお叱りを受けました。

「前に契約したメーカーは倒産するし、今回は今回でローンは付かないし、いったい私たちはいつになったら家が建てられるの！」

奥様が泣きながらおっしゃったこの言葉を、今でも憶えています。

上司や銀行担当者の協力で、ローンの件は何とか解決。工事も順調に進み、亮太君の二歳のお誕生日に無事、お引渡しとなりました。

私は、お詫びの気持ちも込めて、亮太君への誕生日プレゼントを買ってお持ちすることにしました。

「着工前は本当にご迷惑をおかけして、申し訳ございませんでした。でも、今日という日を無事に迎えられ、本当にうれしく思います。これは亮太君へのお誕生日プレゼントです」

すると奥様が、大変な剣幕でおっしゃいました。

「着工前は、本当に腹が立ったのよ。最初に契約したメーカーが倒産した時、すぐに来てくれたのが三井さんだった。その時、私はすごくへこんでいたから、よくズカズカ来られるわねと思ってた。その後、他のメーカーの人も来たけど、みんな『お気の毒ですよね。その分、安くしますよ』って、私の気持ちなんかまったく気にかけずに自分たちのことばかり。そんな中で、私たちの気持ちを汲み取ろうとしてくれたのは三井さんだけだった。だから、三井さんに決めたの。『もう一回、家づくりができる』って、すごくうれしかった。それなのに、今度は着工間際でローンが付かないって……。私たちは一生、家づくりなんてできないんだなって思った。そういう運命なんだって。でも……」

奥様の目から涙がこぼれました。

その時、渡辺様が奥様の肩を叩きながらおっしゃいました。

「本当に家をつくるのが夢だったんだ。だから、今日の日を迎えられて本当にうれしいよ。かみさんもこうは言うけど、『三井さんには本当に感謝しなきゃ』と毎日、言っていたんだ。だから安心して。本当に、今までありがとう」

私も思わず感極まり、目に涙がにじみました。

「ここまで来られたのも、何だかんだ言っても三井さんのおかげなのは十分わかっているから。本当にありがとうね。そして何より、いただいたプレゼントもうれしいようだけど、この家は息子にとってこれ以上にない誕生日プレゼント。ありがとう！」

二歳になった亮太君が、広いリビングで私がプレゼントしたズボンをはいて元気に走り回っていました。それは、マンション住まいでは決してできなかったことでしょう。

「営業マンと客という関係を超えたお付き合いをさせていただきました」

これは、お引渡しアンケートでいただいた、渡辺様のお言葉です。

五歳の少女と七十歳の建築士

営業・女性

「誰もが振り返る家をつくりませんか」

その言葉を聞いた瞬間、しばらく図面とにらめっこをしていた父が顔を上げました。

設計士の長谷川さんとの打合せは、開始からすでに十三時間。私の子守役としてキッズルームのテレビで流れていた「トムとジェリー」のアニメは、すでに七回繰り返されていたはずです。でも、当時五歳だった私は、アニメよりも長谷川さんが使っている独特なペンと、おしゃれなちょび髭に夢中でした。

「三井ホームに決めます」

父は、長谷川さんの目を見てはっきりと言いました。

月日は流れ、小学校の卒業式。たくさんの親たちが集まる体育館の壇上で、卒業生が一人ずつ将来の夢を大きな声で唱えるのが、私の小学校のならわしでした。

「サッカーの日本代表選手になりたい」という子がたくさんいて、「この小学校だけで、日本代表チームができるな」と先生が笑っていました。

次は私の番。実は、卒業式の一週間前になっても私は将来の夢が決まらず、困っていました。どうしよう……と焦っていたとき、家のギャラリーコーナーに飾ってあった一枚の絵に目が留まりました。

それは、長谷川さんが描いた我が家の外観パース。引っ越し当日、父親が額に入れて壁に掛けたのでした。両親は、家が完成してからも毎年、長谷川さんとは連絡を取っていて、その度に満足そうに自宅の写真を見せていました。

その様子を見て、「家をつくるということは一生続く幸せなのだ」と私は子どもながら理解していたのかもしれません。将来の夢が決まりました。

「素敵なお家を建てる仕事がしたいです」

そう言って、私は壇上を去りました。

大学三年生の夏。就職活動開始の時期、みんなはスマホを片手に履歴書と格闘していました。証明写真の切れ端がたくさん研究室に散らばり、失敗したエントリーシートがごみ箱にあふれていました。

入社希望の会社のエントリーシートを、一通り入力し終えた私は、すぐに申し込みボタンを押しました。

志望動機は、「自分の家が好きだから」。ただ、それだけです。


「娘が三井ホームから内定をもらいました」

父が長谷川さんに連絡を入れたのは、大学四年生の十月一日、内定式を終えた夜のことでした。三井ホーム一社しか就職活動をしていない娘のことを、父はうれしい反面、心配だったに違いありません。電話を切ると、私には何も言わず、満足そうに自宅の模型を眺めていました。


三井ホームに入社してはや数年。家づくりの楽しさも厳しさも学びました。挫けそうになることも少なくありません。数えきれないほど多くの人にご迷惑をかけました。

そんな中、自分が担当したお客様の家が完成。グーグルマップでその家を見たとき初めて、家を建てることの重大さに気がつきました。

私たちは、単に商品を売る営業とは違う。地図に残る仕事をしているのだ、と。

「長谷川さん、図面修正をお願いします」

七十歳になった今も現役です。おしゃれな老眼鏡を鼻に掛けながら、三角スケールをゆっくり取り出す。相変わらずのちょび髭の調子は、今日も上々のようです。

「あんなに小さかったのに、一丁前の口をきくようになったなぁ」

そう言って笑いながら、長谷川さんは今日も図面にペンを走らせます。

でも、そのペンは家を描くだけではありません。お客様の人生まで作り上げることを、私は知っています。

第2章

困難のなかで

「あんた、いい部下を持ったなあ」

営業・男性

入社以来三十年近く、これまでたくさんの方々に支えていただきました。数ある思い出のうち、とくに忘れられないエピソードをご紹介します。

「一階の床下が水浸しで、プールみたいになっている。新築の家をどうしてくれるんだ！」

その電話を受けたのは、ある冬の午後のことでした。

すぐに工事担当者である井上君に連絡を取り、現場へ急行してもらうことになりました。当時、井上君の上司であった私も、漏水事故を直感し、彼を追って現場へ向かいました。

事務所から一時間ほどかかる現場に着いた時、近くに井上君の車が停まっており、彼はすでにお客様宅に入っているようでした。あたりには、はや夕暮れの気配が漂い、お宅の玄関に明かりが灯されていました。何とも気が重い時間でした。

インターフォンで社名を告げると、間もなく扉が開きました。厳しい叱責を覚悟していた私の前に現れたのは、穏やかな表情をしたご主人でした。

あれ？　怒っていない。いったい、どういうことなのだろう？

私の頭は混乱していました。そんな私に、ご主人がおっしゃったのです。

「あんた、いい部下を持ったなあ」

意外な言葉でした。続けて、笑いながらこうおっしゃいました。

「井上さんは、うちに来るなり『申し訳ございません』と言ったかと思うと、すぐに床下に潜ってしまったんだ。冷たい水の中に入ったまま、まだ出て来ないよ。怒り心頭の気持ちも、彼の態度にすっかり萎えてしまった。私に怒る暇さえくれなかったんだから」

私は丁寧にお詫びを申し上げ、井上君が出て来るのをご主人と待つことになりました。

ご主人は、天気が良いのに基礎に水染みができていることを不審に思われ、床下点検口を開けてみたら、今回の漏水を発見されたことなどを説明してくださいました。

どれほどの時間、待っていたでしょう。やがて、井上君がずぶ濡れになった作業着のまま、床下から顔を出しました。そして、「応急処置ができず、職人の到着を待つしかあり

ません」と悲しげな顔でご主人に報告しました。すると、

「いいから、上がんなさい。風邪ひくよ」

そうおっしゃって、ご主人はバスタオルを井上君に手渡されました。

私は、混乱する頭の中で考えました。現場は、お客様が怒って電話をかけてこられた時の状態と何一つ変わっていないのに、お客様の心は一変している。

ユニットバスと給水管との接続部からの漏水処理は手つかずなのに、お客様の心の修理は終わっている。

「会社が井上君に救われた」と感じた瞬間でした。

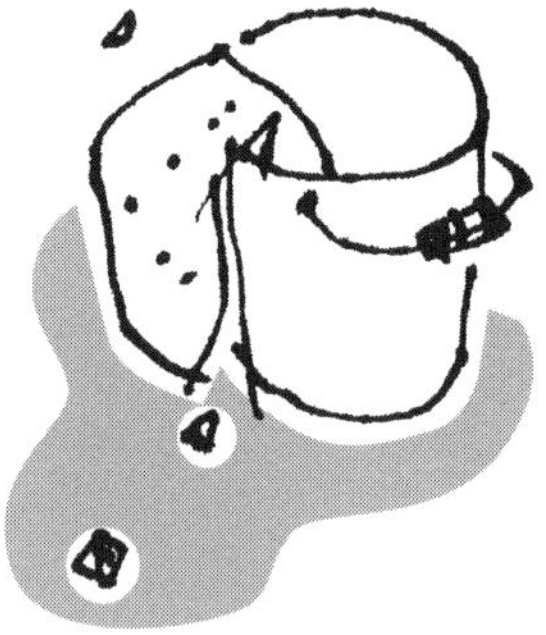

「この街に何かを生みたい……」。私を本気にしてくれた春日様との出会い

営業・男性

ずいぶん前のことになりますが、ある年の七月、自由が丘営業所が新設されました。入社四年目の私は、その開設メンバーとして異動しました。

その頃の自由が丘営業所には、駅前に都市銀行の自由が丘支店があり、すぐに、紹介取次営業の重要法人先として、積極的な営業を仕掛けていきました。

そんな中、地主の春日様をご紹介いただきました。春日様は、地元の商店街で乾物屋さんを営まれており、熊野神社の参道脇のご自宅の庭先を駐車場として貸していらっしゃいました。

敷地は第一種住居専用地域にあり、住居系以外の有効活用提案の可能性がほとんどありませんでした。

その当時も、マンションやオフィスの請負工事も受注していましたので、鉄筋コンクリ

ート（ＲＣ）造の賃貸マンションと最上階に自宅併用という、誰もが考える提案を作成しました。

しかし、それでは計画に何の楽しみも、驚きもありません。担当している私自身からみても、まったく面白い提案ではありませんでした。

案の定、何の進展もないまま数か月が過ぎました。その間、用事もないまま春日様のご自宅とお店に通い続けました。

いつお伺いしても、春日様は忙しい中、きちんと私と話をしてくださいました。そして、雑談とともにご自身の思いを少しずつ、お話しくださいました。この状況を何とか改善したい……そうやって、私を本気にしてくださったのです。

自分の新たな仕事の拠点であるこの街と春日様に、何を創造できるのか、何を提案できるのか。仕事で街中を走り回りながら、いつも考え続けました。

ヒントは、裏通りにある可愛らしいブティックでした。

建築基準法で認められている延べ床面積の二分の一以下、かつ五十平方メートル以下の店舗のついた、店舗併用住宅として賃貸できないか？

当時はそのような事例は、ほとんどありませんでした。ご自宅の一部を奥様やご家族の趣味でお店にしている事例ばかりでした。

手間暇はかかりましたが、設計士・インテリアコーディネーター・エクステリア担当と何度も現場に足を運び、これだ！　と思う計画が出来上がりました。街並みを創造し、道行く人の足を止め、立ち寄ってみたくなるポケットのような異次元空間。二棟三戸の店舗併用住宅の事業提案が完成しました。

提案を受けた春日様は、ほとんど事例のない事業提案に賛同してくださいました。びっくりしました。なにしろ、収支計画表も手作り状態のものでしたし、本当にこの事業がうまくいくのかどうか、提案者の私自身、不安でしたから。

建物工事も始まり、数か月経った上棟後、しばらくしてスポーツウェアの新興ブランドショップから、「全戸一括で借りたい」との申し出がありました。いくつかの障壁はありましたが、無事竣工。しかも驚いたことに、借主さんからの権利金で工事費全額を賄うことができ、無借金経営でのスタートです。

坪賃料も、住居系の上限賃料の二倍以上に。私が計画した事業計画のはるか上を行く事業となり、春日様も私も手を取り合って喜び合いました。

自由が丘営業所では、この事業スキームが定着。多様な事業提案ができる営業所となり、他にも素敵な実例が数多くできました。

自由が丘を訪れたら、ぜひ熊野神社脇にあるアメリカ村（私が勝手に、そう呼んでいるのですが）に立ち寄ってみてください。ずいぶん月日が経ちましたが、未だにアンテナショップとして経営できているようです。その隣接地にも同様の店舗併用住宅ができています。後輩の石井君の担当で出来上がった建物です。

「暮らし継がれる家」と同じように、地域に貢献し続けられるこのような建物を、今後もつくり続けていきたい。住まい、店舗、医院、幼稚園……ｅｔｃ。

その後、私は異動で自由が丘を離れてしまい、春日様のご自宅のお手伝いをできなかったことが、少し口惜しいです。

春日様邸、その後

営業・男性

月日は流れ、私（石井）は、春日様の建物の、お建て替えのお手伝いをさせていただくことになりました。

自由が丘のショールームの受付に春日様のご長男が来場され、「老朽化した建物のことで相談をしたい」「父親から事業を継承したが、築後長い年月がたち、今後メンテナンスをしながら賃貸事業を継続していくのか、それとも建て替えをして新たな事業を展開したほうがよいのか、悩んでいる」とのご相談を受けたのです。

計画地の住所を伺い、熊野神社脇の自由が丘のランドマーク、異次元空間となっている三井ホームの先輩社員の南さんが手掛けたアメリカ村（商業施設）のことだと、すぐにわかりました。

接客を終えた後、当時ご担当されていた南さんに連絡を入れ、当時の経緯、エピソードを伺いました。南さんは、とても親身に春日様ご長男の相談内容を聞いてくださいました。

どのような提案が望ましいのか、私は悩みに悩み抜き、春日様ご長男との会話の中で書き留めていた「友人の紹介で鉄骨系の三社からの提案があったものの、どのハウスメーカーも提案内容が賃貸住宅だけで、面白みがない」との打合せ記録を読み返し、当社の強みの事業メニューの一つである、地域貢献のできるドクターズレントハウス（「医院の建貸し」のこと。建物をオーナー様が建築し、ドクターがそれを貸借して医院を営むという事業スキーム）を想い描きました。

三井ホームは、木造医院建築実績がナンバーワンであり、開業を希望されているお医者様においては、「ビル内診療所並みの少ない開業資金」で、独立した「戸建て診療所」としての開業が可能であり、地域とのつながりが強く、自由が丘という好立地で開業できるため、他社と差別化できる最適な事業提案ができると、私は確信していました。

南さんにもご相談させていただきながら、また、外部の専門家にも資産活用のノウハウ（節税対策、相続対策等）を教えていただきながら、リノベーションと建て替えのケースの比較提案を進めていきました。

自由が丘という、女性に人気のある街であり、春日様のお父様の世代から比較して女性の就業率が向上した背景から、女性をメインターゲットにした賃貸住宅事業と、三井ホームの強みであるドクターズレントハウス事業を併用した提案の方針を固めていったのです。

プレハブ系の競合他社は、工業化されたもので構成されているインテリア、エクステリア提案であったため、私は、時が経つにつれて風合いがよくなる「経年優化」する提案として、インテリア計画においてはステンドグラスやロートアイアン（手工芸的な鍛鉄。古くからヨーロッパなどで手すりや部品などに使われている）を採用した提案を、インテリアコーディネーターにも力を借りて、進めていきました。

一方、エクステリア計画においては、自由が丘駅界隈の床仕上げに採用されているイタリア産の石材を敷地内のアプローチ部分へ採用したエクステリア提案、セキュリティゲートの採用、ニューヨークにあるハイライン（線形の空中公園）に着想を得て、ロートアイアンのフェンス等、加えて、可能なかぎり春日様のお父様の世代から元々あるもの、野草や植栽にも敬意を表した手法を取り入れた提案を行ないました。

また、ドクター特化型ソリューションを担当している部門の力添えもあり、無事に小児科のお医者様、調剤薬局の出店も決定。賃貸住宅も周辺のマンションより、坪当たり賃料が高めの設定をご提案させていただいたところ、春日様ご長男には当社の事業提案内容を高くご評価いただいて、計画を進めることができました。

お引渡し後、二年ほどが経過した頃、春日様ご長男からたくさんのお褒めの言葉を頂戴しました。

「自由が丘の新たな景色の一つに馴染んだ建物になった」
「近所の子どもたちが安心してクリニックに通っている」
「収益性もよくなり、事業が安定し、軌道に乗った」……など。

私は、あらためて三井ホームの多彩な事業メニューの中でも、とくにドクターズレントハウス事業の優位性を確信するとともに、南さんが春日様とのプロジェクトを結実させた思想を、春日様のご長男と世代を越えて継承できたことがとてもうれしく思いました。

また、南さんを通じて学んだプロジェクトを遂行するためのノウハウ、住まいづくり・街づくりに対する熱い想いが、現在の仕事の礎となっています。

「クライアントと技術の間に立って調整するのが、あなたの仕事だ」

設計・男性

三井ホームに対して期待の大きかった後藤様の設計打合せは、かなり力の入ったものとなり、後藤様のイメージは、次から次へと湧き出てくるようでした。そのため、たび重なる設計変更に、打合せを担当する設計士は冗談交じりに言いました。

「設計変更料をいただければ、いくらでも変更しますよ（笑）」

後日、後藤様から営業担当に、お叱りの連絡が入りました。

「たしかに、何度も間取り変更をして申し訳ない。しかし、設計士は冗談のつもりであのようなことを言ったのかもしれないが、私と彼はまだそこまで親しくはなっていない。失礼ではないか」

その後、設計の管理職だった私は営業担当とともに、後藤様のお宅へお詫びに伺いました。

私「はじめまして。三井ホーム設計の松本と申します。設計士の発言に失礼があったようで、申し訳ございません」
後藤様「あー、いや、いいんだよ。そんなこと」
私「設計士を管理する立場として、お詫びに上がりました。私の監督不行き届きです。誠に申し訳ございません」
後藤様「そうですか。それでは言わせてもらおう」

後藤様は、営業担当のほうに体を向き直し、次のようにおっしゃいました。

「私も営業だ。中東の産油国から石油を運ぶタンカーの製造の依頼を受けて、日本の造船会社に頼む仕事だ。

発注者は、大量の石油を積めるよう大きいタンカーを望む。しかし、船の貯蔵タンクが大きくなればなるほど、その分タンカーのエンジンも大きくなってしまい、タンカーを大きくしても期待されるほど石油を積めなくなる。そんな時、発注者と造船会社の間に立って調整するのが私の仕事だ。

あなたも営業だろ。設計士に失言があったからと、設計の管理者を出す必要はない。クライアントと技術の間に立って調整するのが、あなたの仕事だ」

翌年、後藤様邸は無事、完成しました。地下一階地上二階、総工費がゆうに一億円を超える豪邸は、高級住宅街の高台にその威容を現しました。

特大の一枚モノとして製作された特注曲面ガラスがはまった吹き抜け。そこからは、神戸港が一望でき、後藤様には「夜景が素晴らしい」と喜んでいただきました。

そして、起きた阪神・淡路大震災。震災発生の後、後藤様が神戸支店においでになり、工事担当者におっしゃったそうです。

「家はびくともしていない。ガラス一枚割れてはいない。まったくの無傷だ。さすがは三井ホームだ！　ただ、断水になってしまって……。すまないが、ポリタンクを一つ譲ってもらえないか」

「後藤様邸」は「ハウス・オブ・ザ・イヤー（毎年、デザインに優れた建物と、担当したスタッフを表彰する社内のコンテスト）」を受賞。その後、営業担当は営業の中心的存在となり、活躍を続けました。

忘れられない、お客様の言葉とアンパンの味

営業・男性

入社二年目、年度末ということもあり、何件かの商談やお引渡しが重なってしまった時に、あるお客様のお引渡しで起こしてしまった失敗談です。

お客様は、住宅密集地での建築ということもあり、とくに火災については非常に心配されていらっしゃいました。しかし、当社の建物は木造でありながら耐火性能に優れている点を高く評価していただいていました。

その日、設備の仕様説明や鍵の受け渡しも無事に終わり、いよいよ御礼を述べて帰ろうとした時のことです。

「これで明日の引っ越しが終わったら、やっと地震や火事を気にせず快適な生活が送れるよ。ありがとう」

お客様からありがたいお言葉を頂戴し、私も感激しているとお客様はさらに、こうおっ

しゃいました。

「ところで、たしか三井さんの火災保険料は普通の木造建物より安かったんだよね！　いつ手続きすればいいかな？」

しまった!!　一瞬にして、血の気が引きました。そうです。その日からかけていなければならなかった火災保険の加入手続きを、私はまったく忘れていたのです。

あわてて保険会社に連絡を入れると、すでに業務は終了しており、「明日の午前中に、入金と手続きをしていただくしかない」とのこと。仕方なく、そのことをお客様にお伝えすると、それまでの和やかなムードが一変しました。

「明日の朝までに火災が起きたらどうするんだ！　三井で保証してくれるのか!!」

お客様は語気を荒らげ、鬼のような形相でおっしゃいました。お客様としても、最後の最後での手続きミスが残念で仕方がないらしく、怒りは収まりそうにありません。最終的には奥様になだめていただき、ご主人にもしぶしぶ、明日朝一番に火災保険の手続きをするということで、ご納得いただきました。

私は、家に帰っても自分のやってしまったミスに対する後悔の念と、お客様のご心配を考えるとどうしても落ち着きません。おまけに、万が一、今晩何かあった時のことを考えると、いてもたってもいられません。気がつくと、もう一度着替えて、お客様のお宅に向かっていました。

お客様はすでに仮住まいに戻られており、現場には誰もいませんでしたので、駐車場に車を停め、家の周りを懐中電灯片手に巡回警備を始めました。朝まで、自分で見張っているしかないと考えたのです。

車の中でラジオを聴きながら、一時間に一回、家の周りをチェック。無事を確認しては車に戻り、を繰り返しました。

そして午前五時過ぎ。六回目の巡回を終わらせ、車に戻った時には、空がうっすらと明るくなり始めていました。

「あと一回巡回すれば朝になり、明るくなるからもう大丈夫だ」。ほっと一息つくと、さすがに昨日からの仕事の疲れと徹夜による睡眠不足からか、急に猛烈な睡魔に襲われ、そのまま気を失うかのようにシートの上で眠ってしまいました。

どれくらいの時間、眠っていたのでしょう。突然、車の窓をコツコツと叩く音で目が覚めました。時計を見ると午前七時過ぎ。周囲もすっかり明るくなっています。

しまった‼　寝てしまった‼

あわてて飛び起きると、車の外にご主人が立っていました。まずい……。そう思いながらも、寝ぼけた頭で「おはようございます」とだけ言うのが精一杯。そんな私に、ご主人は小さなコンビニの袋を差し出しました。

「もう大丈夫だから。これを食べて、会社に行きなさい」

袋の中には、紙パックの牛乳とアンパンが一個、入っていました。

後で奥様から伺ったお話ですが、やはりご主人は心配でいてもたってもいられず、夜中に現場に来られ、そこで私が巡回しているのを見て、黙ってお帰りになられたそうです。

結局、その日の朝一番で無事に火災保険の加入手続きが完了し、事なきを得てお引渡しとなりました。

「あなたがどんなに忙しかろうが、仕事を請け負ったからにはお客様に心配や迷惑をかけないのは、プロとして当たり前のことなんだ！」

お客様のこの言葉とアンパンの味は、今でもはっきりと憶えています。

「もう一度、同じメンバーで家づくりをしたいぐらい楽しかったです」

営業・男性

斎藤様と初めてお会いしたのは、入社二年目の秋頃でした。カタログをご請求いただき、送付後にアポイントを取り、モデルハウスで三井ホームのご説明をさせていただきました。

当時の大ヒット商品であった『VERY!』を非常に気に入ってくださり、私個人ともフィーリングの合う、まさに三井ホームのお客様という感じでした。

土地から探していらっしゃったこともあり、土地情報をご紹介しつつ三井ホームの完成・構造現場やモデルハウスを数多くご案内させていただきました。その数は十五以上。斎藤様にもすっかり三井ホームファンになっていただき、土地さえ見つかればご契約いただけると自分でも思えるくらい、よい関係が築けていました。

しかし、いざ土地が見つかり、プランと見積りをご提示しても、なかなか首を縦に振っていただけません。そしてある日、お断りのご連絡をいただいてしまいました。

理由をお聞きすると、ごく親しい友人に輸入住宅大手某社に勤めている方がいらっしゃるとのこと。ただ、その方は遠方にお住まいだったこともあって、斎藤様も家を建築する計画を伝えていなかったそうです。

ところが、お正月にその方に会った際、「三井ホームで契約する」と言うと猛反対され、「ぜひ当社で」との提案を受けることになってしまったとのこと。斎藤様としても、「三井ホームのことは気に入っているが、大切な親友関係を崩せない」というお気持ちや、もともと輸入住宅の木の風合いがお好きだった奥様も気に入ってしまったことが決め手になったということでした。

頭の中が、真っ白になりました。

斎藤様には絶対にご契約いただけると思い込み、競合状況を把握していなかった結果でした。大好きなお客様だったこともあり、ただただ悔しくて、情けないと落ち込みました。

しかし、自分が斎藤様に本当に三井ホームの家に住んでいただきたいのなら、ここで諦めては絶対に駄目だと思い、もう一度アタックすることにしました。

ゆるぎない親友関係に割って入る特別トークがあるわけでもなく、経験も少ない私が思いついたのは、とにかくこれまでにお話しした、三井ホームのデザイン・構造・全館空調など、他社にない良さを再度ご説明させていただくことでした。


往復三時間の道のりを、休日を含めてほぼ毎日、斎藤様のお宅に通い続けました。今考えると、斎藤様の中でも迷いがあったから、お忙しい中、毎日会っていただけたのではないかと思います。

その結果、某社との契約直前に斎藤様のお気持ちが変わり、三井ホームとご契約いただくことができました。

「あれだけ一生懸命やられたら断れないよ。家のよさもあるけど、営業が決め手だよ。本当によかったね」

斎藤様のこの言葉は、今も忘れられません。

着工後も図面や空調計画などいくつかの問題が発生しましたが、お引渡し翌年の年賀状にも、とてもありがたいお言葉をいただきました。

「いろいろなことがありましたが、三井ホームさんに決めたのは家だけではなく、いつも私たちのことを考え、丁寧な対応をしてくれたあなたがいたからです。もう一度、同じメンバーで家づくりをしたいぐらい楽しかったです」

ありふれた話かもしれませんが、その後、私が仕事を続ける中で忘れることはない、お住まいづくりとなりました。

一度逃げたら逃げ癖がつく

営業・男性

入社四年目のゴールデンウィーク。着工する三浦様の地鎮祭の日に、問題は起きました。祭壇の御神酒に貼られているお施主様の名前が違っていることに、地鎮祭の最中に気づいたのです。

当然、三浦様は激怒。当社で斡旋した土地に建てていただくことになっていたのですが、「この土地では、もう建てたくない」「三井ホームが土地の神様を汚したのだから、三井ホームがこの土地を買え」と言われてしまいました。

入社以来何度か「もう、無理だ」と思ったことはありましたが、この時が一番きつかった。同じ時期に妻の祖母が亡くなり、お通夜や告別式にしっかりと参加したかったのですが、この問題があったのでそれも叶わず、毎日、夜中までお施主様宅に伺い、謝罪をしました。

その時に同行していただいた支店長、課長、工事担当には本当に感謝しています。自分ひとりで抱えていたら、逃げ出していたかもしれません。

幸い、地鎮祭を再度当社でやり直させていただくことと、誠意をお見せすることで納得していただき、無事に建物も完成し、お引渡しすることができました。

その年の冬、私に長女が生まれた時も、もう引渡しからしばらく経つにもかかわらず、お祝いまでいただきました。

今でも、辛くなったり逃げたくなったりすると、そのお施主様宅にお伺いして、出来上がった建物を見たり、愚痴を聞いていただいたりして、元気を頂戴しています。そんな私を、お施主様はいつでも快く迎えてくださいます。

「一度逃げたら逃げ癖がつく。逃げないで一生懸命やれば誠意は伝わる」と痛感した出来事でした。

「しっかりしたねえ（笑）」

営業・男性

入社四年目。勤務地近くで大きな地震があり、お住まいの家を心配して三井ホームのモデルハウスに来場されたお客様がいらっしゃいました。

建て替えをお勧めし、すぐに現地確認。企画プランと金額をご提示し、お客様の建築費を全額ローンで決済するという銀行融資も満額で承諾が取れ、一週間で契約と上々の滑り出し。ちょうど結婚したばかりの私はご機嫌で、新婚旅行へ出かけました。

その後、お打合せも順調に進んでいましたが、私は、自分が全額ローンで決済する仕組みを理解していないことに気づきました。着工前に融資本申し込みをした際に初めて、ローンを利用するために必要となる手続き費用などは、お客様が現金で用意する必要があることを知ったのです。

あわてて、そのことをお客様にご説明しましたが、「そんなに急に現金は用意できない」とお叱りを受けました。

お客様のお宅をお訪ねすると、ご主人のお父様は大変ご立腹で、奥様も大泣きしていらっしゃいます。

申し訳なく、どうしようかと思いながら、ただただ謝罪するしかなかった私。その時、ご主人のお父様がおっしゃいました。

「俺が払ってやる。君もきちんと勉強しなさい！」

その後、順調に工事は進み、無事、お引渡しとなりました。

それから十年ほど経ち、別の支店に勤務していると、そのお客様から「父が亡くなり、母を引き取ることになったので増築したい」とご連絡がありました。

増築といっても、敷地は大きくなく、しかも駐車スペースを削るわけにはいきません。二階を大きくする方法しかありませんでした。

そこで、リフォーム担当は「Gフレーム構法（従来の木造では考えられないほどの広いスパンの開口が取れる新しい工法）」を提案。かなり大掛かりな話となりましたが、資金の借り換えなどの相談や税金のことなども、うまくクリアできました。

「しっかりしたねえ（笑）」

と、お客様に可愛がられながら、無事にお引渡しができました。

ツーバイフォーで倉庫を初めて提案した日

研究職・男性

当社の木材建材事業本部には、研究所が存在します。

木材を販売する組織の中に研究を行なう組織があるのは珍しいのですが、これについてお話ししたいと思います。

三井ホームで定年を迎えた年。私は関連会社の三井ホームコンポーネント（当時。現在は三井ホームと合併）へ転身し、それまで培ってきた木造の構造設計や施工開発などのスキルを活かすべく、意気揚々と入社しました。

しかし、その年齢での入社は、周囲も扱いにくかったようで、私は何から始めたらよいのか先行き不透明で、とりあえず営業に同行することから始めました。

転身から三か月、営業リーダーと石巻のゼネコンを訪問した時のことです。

東日本大震災による津波で大破した倉庫を、復興事業として木造で建て替えを計画しているお客様から、よい返事をもらえていないという相談でした。

被災した元の倉庫の図面をみると、木造ではありましたが、方杖《ほうずえ》という、端と横架材の取り合い部分に斜めに入れられる部材を使った軸組工法でした。そこで私は、自分の経験を活かし、方杖のない天井をつくるために思い切って、ツーバイフォー工法を提案しました。

今では当たり前となったツーバイフォー倉庫ですが、まだ出はじめの頃で、私もこの時が初めての提案でした。

幅二十二メートルとなる大スパンのトラス（屋根構造骨組）がメインで空間を構成し、トラスは分割して現場に搬入する方法や、トラスを複数組み合わせたユニット工法、構造計算による大型壁パネル技術などの一貫した設計・施工方法を、三日間徹夜で練りに練って提案したところ、一発回答で承認いただくことができました。

実は、倉庫というのは収容力が決め手で、方杖式架構では斜めの方杖があるため、荷物を壁際に置けない、平面計画したような収蔵能力が実際には確保できない、という不満がお客様から上がっていたのです。

石巻の倉庫は、壁五メートルにして室内有効高さ七メートルを確保。幅は二十三メートルで収入容積もフル活用できるため、お客様には大変喜んでいただけました。上棟後、倉庫の屋根に上って見た仙台湾の夕暮れの美しさは、一生忘れられない思い出となっています。

この時の仕事の面白さから、私の中に、定年を越えたやりがいが湧き上がってきました。

さまざまなお客様からの案件について、ご不満やご要望を聞き出し、それを技術的に解決する方法を提案。営業リーダーも、高度な技術提案がお客様の抱える課題を解決できると感じていたので、社内に「営業支援を行なう組織を作ってほしい」と訴えていました。

そして二年後、ようやく組織を立ち上げることになった時、通常であれば営業推進、あるいは設計推進といった名称になるところを、当時の専務がお客様にも技術の高さを期待していただける名前を付けてくれました。それが、「木構造研究所」です。

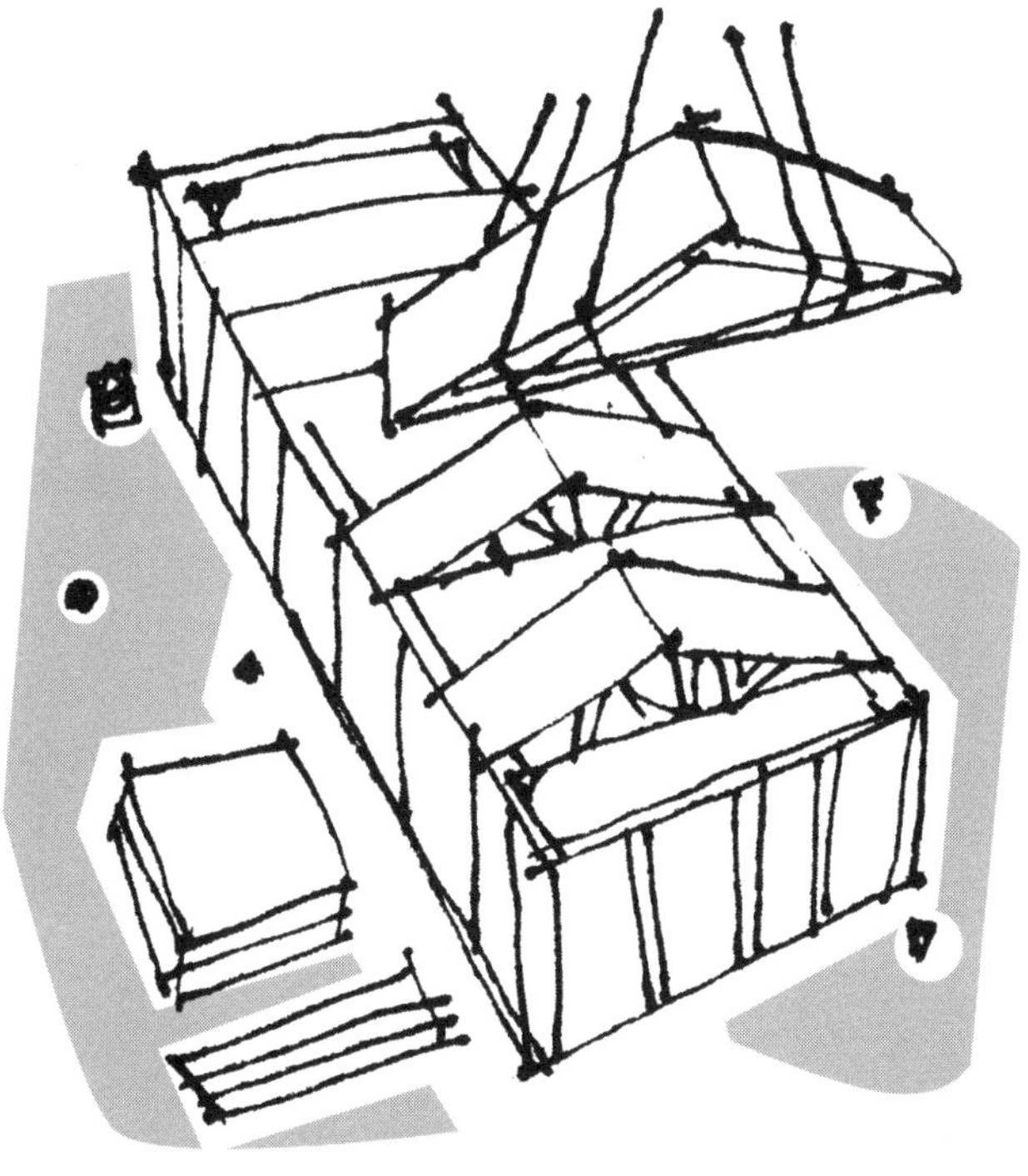

〝ゼロ〟からのスタートだった施設系向け構造材販売事業

営業・男性

旧ＭＨＣ（三井ホームコンポーネント。現在は三井ホームと合併）に新しい部署が誕生しました。その名も、「施設開発部 施設開発グループ」。私も立ち上げメンバーとして、ご指名にあずかりました。

といっても、部長と私、営業二名の部署。それは、構造材（骨組）の販売を、住宅の用途だけでなく病院や倉庫、畜舎といった大型の施設系建物へ展開しようという本部長の先見の明だったと気づいたのは、ずいぶん先のことです。

さて、施設建築に構造材（建物に使う木材で、「ツーバイフォー材」と呼ばれる材）を、どこにどう販売するのか。販売ツールも販売ルートもなく、ましてや実績も実例もありません。まさに何もない〝ゼロ〟からのスタートでした。

まずは、市場調査で木造化の熱がこれから高まる期待は感じました。資料を自作し、営業先である木造建築を扱う設計事務所へ電話するも、なかなかアポイントすら取れません。ようやくアポが取れて訪問するも、「構造材が耐火被覆により見せられないなら、木造にする意味はないよね？」と言われることも多く、いったい何件電話をかけたことでしょう。飛び込み営業もたくさん行ないました。

並行して、工務店や商社、問屋などへの訪問が夏の終わりまで続きました。採用いただけそうな案件も見えず、「このままでは廃部だな」と部長と話し、冷や汗しか出なかった夏……。

涼しくなった頃、とある設計事務所から「これ、ツーバイフォーでできるかな？」と相談をもらえるようになったものの、今度は設計スタッフがいないという問題にぶつかり、他の構造専門の設計事務所に相談に行き、話を進めることにしました。

そうこうするうち、工務店や商社から「千葉で、大型の介護老人施設をツーバイフォーで建築しようかと考えている案件があるらしい」との情報が入りました。さらに詳しい情報を集めていったところ、落札したゼネコンにたどり着き、アポを取って訪問することとなりました。

初めて会ったゼネコンの工事部長から「建築業者はもうほぼ決まっているけれど、すぐに見積りをくれるなら、考えてもいいよ」とのお言葉。図面をいただき、すぐに見積りを持って再訪すると、その場で金額交渉となりました。

急いで会社に戻り、上司と相談して再度金額提示のために訪問すると、先方から「三井さんに頼みたい。すでに声をかけているところを納得させるので、待ってほしい」との返事をいただきました。

半信半疑の中、待つこと数日。携帯電話に着信がありました。

「三井さんにお願いします」

うれしくて、必死に「ありがとうございます。よろしくお願いいたします」と言っていたことを憶えています。

あの時、なぜ当社を選んでいただけたのか今でもわかりません。でも、「これが始まりで、今がある」と、感謝の気持ちでいっぱいです。

営業の私だけでなく、生産設計、工場、工事のメンバーみんなが一緒に苦労して、最大のサポートをしてくれました。十年経った今でも、それは私の「宝」です。

そして、「施設開発部 施設開発グループ」は現在、年間一〇〇件近い施設系案件を手掛けるまでの部門に大きく成長しました。

人と人をつなぐ「コネックトラス」

営業・男性

福岡に初めて単身赴任しました。そこでの仕事は、会社が新たに立ち上げたアグリ事業（畜舎や鶏舎など一次産業関連の建物を請け負う事業）で、木と木を「コネック（英語でつなぐの意）」というメタルプレートで接続する「コネックトラス」を畜舎に採用してもらうことでした。

現在のアグリ事業があるのは、ひとえに、とある建設会社会長（以下、「おやじ」と呼びます）との出会いがあったからです。

その建設会社は私が営業に向かった先で、九州全域で畜舎建設を手掛ける大きな会社でした。

体が大きく、声も特大。現場では職人たちと明るく楽しそうに会話をし、夜は若い職人たちにも声をかけて酒を飲んでいる「おやじ」と出会いました。

コネックトラスがいかに経済的で施工性がよいか、必死に「おやじ」にアピールし続けた結果、一年かけて、手掛ける畜舎をすべてコネックトラスに切り替えてくれることになりました。

その後、「おやじ」は設計事務所などに、私と一緒にコネックトラスの説明に回ってくれました。また、建築現場にも足を運んでくれて、工事の指揮を執り、さらには私に改善改良の提案までしてくれました。

そのおかげで、現在のコネックトラスは、コスト的にも構造的にも最適な設計提案ができるようになり、全国の畜舎に採用されるようになりました。

「おやじ」が、いつも博多弁で言っていたことがあります。

「ひとりじゃ、なんちゃできんと！（ひとりでは何もできないよ！）」

「ひとりだけよかことしたら、腹かくでぇ！（ひとりでかっこいいことをしていたら、怒るよ！）」

今は、「おやじ」のご子息である社長が道を継いで、我々と全国の畜舎建築を行なってくれています。

コネックトラスのおかげで施工会社の仲間も増え、アグリ事業は大所帯に成長しました。

木と木とをつなぐのみならず、人と人をつなぐ仕事に携われていることに、心から感謝しています。

「三井ホームに大いに敬意を表したい」と書かれた本

研究職・男性

「きちんとしたデータを出してください！」

東京大学の大橋好光助手が半ば怒りを込めた声で発言し、会場はしんと静まり返りました。

阪神・淡路大震災からわずか二か月しか経っていない、三月に住宅建設の会社が集まって開かれた木造研究会でのことです。大橋助手に返答する人はなく、会場内にはしばらく沈黙が続きました。

私は上司の同行で会場におり、まだ新入社員でしたが、大橋助手の怒りの理由はわかっていました。各住宅メーカーからの報告がすべて「当社の建物は大丈夫でした」というような内容だったからです。

その時、上司が手を挙げ、「三井ホームは、今後、データを発表する予定です」と、はっきりと答えました。その「データ」とは、今でもモデルハウスに置かれている報告書「一九九五年兵庫県南部地震　阪神・淡路大震災2×4住宅　三五六八棟の記録」のことです。

一九九五年一月十七日に起きた阪神・淡路大震災から九日後の朝、私は新大阪のビジネスホテルにいました。災害調査に車で神戸に行くため、集合場所の駐車場に向かいました。そこでは当社の調査メンバーが、その日の全国紙の朝刊を手にして厳しい顔をしていました。記事には「プレハブ軽さで激震しのぐ。メーカー全半壊はない」と書かれていたのです。

その場にいた皆は、「このような都市災害の中で、千棟、一万棟の実績ある大手住宅メーカーが、一棟一棟確かめもせず、震災後たった九日間で『被害はない』と言い切れるのか」という疑問を持ちました。当時、調査と報告書作りに関わった人たちの思いは、同じだったはずです。

二か月ほど経った三月頃になると、街の住宅展示場にはすでに大手プレハブメーカーから「全半壊ゼロ」の宣伝文句が出始めていました。

しかし、当社は、ツーバイフォー住宅がどれだけよかったかはわかっていても、被害もいくつかあったことから「すべてを正しく伝えたい」という方針を選んだのです。

そして、半年後の九月一日防災の日、新聞の一面広告とともに報告書「三五六八棟の記録」が発表されました。

東大の大橋助手が所属する研究室の坂本功教授が、後に著書『地震に強い木造住宅』の中に次のように書かれました。

「この報告書に対しては、三井ホームに大いに敬意を表したい」

大変ありがたいお言葉ですが、私にとってより印象的だったのは、後に続く次の内容でした。

「ツーバイフォーに被害が少なかった理由として、新しく、老朽化していないためであるという見方があるがそれは正しくない。厳しい設計上の技術基準により設計、施工されていることが原因だ」

その後、長く技術開発に携わることになった私にとって、この言葉を今でも忘れることはありません。この言葉によって、住まいを提供する者としての、お客様や社会に正しい情報を伝える責任も、常に感じています。

第3章

仲間とともに

想いは同じベクトル

事務・女性

私は、何も知らない。そのお客様の顔も、声も。
知っているのは、お客様の筆跡、登記の持ち分、借入額くらい。

私は、何も知らない。
その家に、どんな人が住むのか。どんな想いが込められているのか。
知っているのは、その家の価格がいくらなのか、ということくらい。

一つひとつの契約に、お客様のどんな期待が込められているのか。
社内のスタッフや関連会社の方々の、どのような労苦があるのか。

知らないことが多すぎる。「自分も住宅をつくる会社に勤めているのだ」という実感を得たい。

「現場を見学してみたいんです」

そう口にしたのは、そんな想いからでした。

入社六年目となり、自分の仕事に少々マンネリを感じたり、もっと達成感を得たいという〝焦り〟のようなものが出てきていたのかもしれません。

どんな話の成り行きだったかは忘れましたが、ある時ふと、工事担当の野村さんに「現場を見るチャンスがあればいいなあ」と漏らしました。「じゃあ、連れて行ってあげるよ」という野村さんの言葉は、思いがけなく早く現実となりました。

野村さんが連れて行ってくれたのは、田中様というお客様の現場です。

二月の終わりのある日。初めての現場ということもあり、私は少し緊張しながら訪れたことを憶えています。

日が暮れかかり、火の気もなく、現場はしんしんと冷えていました。三月のお引渡しに向けて、数名の職人さんが黙々と作業をしていました。

お客様の田中様は自営業をされていて、また、お住まいと同じ敷地内での建築ということもあり、その日、私は田中様にお会いすることができました。

「我が社の事務スタッフです。現場を知って仕事に役立てたいというので、一緒に参りました」

と、野村さんは丁寧に私を紹介してくれました。

田中様は四十代前半、野村さんより少し年下、という感じでしょうか。自然体で、気さくなお人柄という印象を受けました。いつもニコニコされていたように記憶しています。

野村さんに案内され、田中様と私は二階へ上がりました。年配の職人さんがクロス貼りの作業中でした。

「この人の仕事は、すごいんだよ」と野村さんが紹介してくれた職人さんには、昔気質の職人さんのイメージがあり気さくに話される感じの方ではありませんでしたが、それでも田中様は、ざっくばらんにその職人さんに質問を投げかけ、その答えに熱心に耳を傾けていらっしゃいました。

プロとしての仕事に敬意を表しながら職人さんと会話される田中様は、私がこれまで思い描いていたお施主様のイメージとは違いました。「お客様」という垣根を越え、職人さんや野村さんと同じ目線に立っているように感じました。

ひょっとしたら、私は今まで「お客様・三井ホーム・協力会社」という三者の関係を、お客様を頂点としたピラミッドのようなものと思い込んでいたのかもしれません。

それぞれ立場は違っても、「いいものをつくり上げたい」という想いのベクトルは、皆同じ方を向いていることに気づき、まるで一つのチームのように思えました。

「そういうの、昔から憧れていたんです」

帰る道すがらそんな感想を述べた私に、野村さんは間髪入れず、何のためらいもなく、こう言ってくれました。

「君も、そのチームの一員と違うの？」

そうか、私もその一員なんだ……。

ともすると、単調になりがちな事務職という仕事も、自分の気持ちのあり方一つでいくらでもやりがいを見出せることに、ようやく気づきました。

「いいものをつくり上げたい」

私が作った書類に、そんな想いを乗せて届けることができますように。

「この土木工事は信用できる。日曜日、土木会社の社長が奥さんに現場を見せに来ていた」

工事・男性

私が工事を担当させていただいた物件の話です。

営業担当から、「これは一億円を超える大きな物件で、ご主人は何の仕事をしているかはっきりわからない。若くて（後でわかったことですが、私や営業担当と同じ年でした）派手な外見の方で、あまりしゃべらない、気難しそうな方だが、お金は持っている」との情報で、「担当できるのは君しかいない」と乗せられて担当した物件でした。

古い旅館の敷地の一角に計画された一階ＲＣ構造、二、三階はツーバイフォーの三階建て。斜面地で、石組をされた池と茶室がある敷地に建てる住宅でした。

施工的にも配置的にも難しく、地縄確認（工事着工前の建物配置の確認）の時、初めて前川様ご夫婦とお会いして、ご主人の計画と住宅のイメージをお聞きしました。

その時、ジャージ姿のご主人はいわゆる〝ヤンキー座り〟をして、たばこを吸いつつ、敷地を指差しながら打合せをされていました。

前評判のこともあり、ＲＣ工事を担当する土木工事会社の社長も、工務店の現場監督も緊張気味であったことを憶えています。

ＲＣ工事は敷地形状のこともあり、水処理も絡んでの難工事でしたが、ほぼＲＣ躯体が出来上がった頃、現地で立会いを行なった際にはご主人の雰囲気が以前とは違い、紳士的に感じられました。

その後、奥様から「主人が『この土木工事は信用できる。日曜日に、土木会社の社長が奥さんに現場を見せに来ていた』と言っていた」ということを聞きました。前川様は、些細なこと、下請けの職方から工事担当、営業の細かな態度などもよく見ていて、土木工事会社の社長の行動に「信頼」を見出されたのでしょう。

前川様の、着工に際しての不安な気持ちが〝ヤンキー座り〟に表れ、気難しそうな感じを醸し出していたのかもしれません。その後は紳士的であり、ある一面、子どものような感覚の持ち主で、ご夫婦揃って家づくりを楽しまれ、ご満足のいく住宅をお引渡しすることができたと思っています。

私たちは、多くの建物を担当することで、少し慢性的になっているかもしれません。自分の仕事に対して「誇りと自信」を持って接すること、その一つの表れが「自分の家族に自分の仕事を見せること」だということを教えていただいた、前川様のひと言でした。

前川様、ありがとうございました。

協力会社さんの支えがあってこそ

メンテナンスエンジニア・男性

甚大な被害をもたらした豪雪から五年経った年のことです。

この年も、秋田県南部では積雪二メートルを超えようかという雪の日が続き、お客様からも雪害による雨樋《あまどい》の破損や落下物による外構の被害が報告される中、とてもうれしい連絡が入りました。

「積雪と屋根からの落雪によって閉鎖状態となっている我が家の周りを眺めながらため息をつく日々が続いていたが、先日、留守をしている間にカーポートの屋根の雪がなくなっていた。『届く範囲だけですが、落としておきました』という外構屋さんのメモ書きがあり、さらに『除排雪でお困りでしたら、三井ホームのお客様に限り、対応させていただきます』とあった。てっきり、営業のあなたが手配してくれたものと思っていた。今では一級建築士となった次男も『さすがにきちんとした仕事をしている』と言っている。いつもあなたには毒舌を吐いてばかりの私たち夫婦も、今さらながら、三井ホームで建ててよかった」

当社の協力会社である外構屋さんには、以前に補修した融雪システムの作動状況の確認をお願いしていましたが、さすがに雪下ろしをしてもらうようなことまでお願いしていたわけではありません。お客様がお困りだろうと、機転をきかせて対応してくれたのでした。

お客様には不安とご不便をおかけしてしまうこともある中、「自分の仕事は協力会社さんに支えられて成り立っているのだ」と痛感し、ありがたい思いで胸がいっぱいになりました。

「そのままのあなたでいいんだよ」

事務・女性

私は、三井ホームに入社するという幸運を手に入れました。家族が集まる、温かい夢がたくさん詰まった家づくりに、自分も関われることがうれしくてたまりませんでした。

しかし、現実は甘くはなく、私はすぐにつまずいてしまいました。

なかなか会社に馴染めず、孤独感にとらわれて、自分は何をすればいいのか、どうしたらいいのか、何もかもがわからない。とにかく、「自分はダメだ」と思い続けた毎日でした。

そんな自分にどんどん嫌気がさしていた入社二年目のこと。女性の先輩が退職することになりました。

その先輩とは、ほとんど話をしたことがありませんでした。それなのに、彼女から言葉をかけられた瞬間、自分でも驚くほど、涙が出て止まりませんでした。なぜなのか、その理由を自分で理解することにも相当な時間がかかるほど、自分自身を見失っていました。

先輩とは違う部署でしたが、思い返せばいつも声をかけてくれていました。わからないことを誰にも聞けず途方に暮れていると、決まって「どうしたの？」と。私が何も言っていないのに、わかってくれていました。

先輩は私の顔を見て、こう言ってくれたのです。

「そのままのあなたでいてね。そのままずっと変わらないでね」

この言葉に、私はどれだけ救われたでしょう。いつも他人と自分とを比較して苦しい日々を過ごしていましたが、このひと言で「こんな自分でもいいのかな」と、少しだけ自分を許すことができました。

自分は「そのままでいい」なんてまったく思いません。ただ、誰かに自分を認めてもらえることがこんなにも心に響くことを実感した瞬間でした。

もっともっと、頑張れる気がしました。いえ、頑張らなければいけないと思いました。

私は、今でもずっとこの先輩のひと言に支えられています。どんな時も、私を励まし続けてくれています。

入社以来、事務管理の部署に所属し、お客様とも協力会社の方ともほとんど交流する機会はありません。社内の人たちとの関わりがほとんどです。

でも、すべて人間同士の関わり合いであることには変わりありません。そこには、必ず言葉があります。

私は、小さい頃から言葉の力を信じています。

知らないうちに相手を不快にさせてしまったり、取り返しのつかないことも起きたりしますが、相手の心にずっとやさしい想いを残すこともできます。

三井ホームに入社して、何度も心動かされる言葉に出会い、支えられ、励まされてきました。

三井ホームには、温かい言葉があふれている。そんな三井ホームの一員であることを、私は心から誇りに思っています。

やはり、私は幸運を手に入れた。今、確かに断言できます。

二十三年間、そしてこれからも続く縁

営業・女性

子どもの頃、両親が三井ホームで家を建てました。その際、設計士の先生（あえて先生と呼ばせていただきます）の仕事ぶりに興味を持った私は、大学で建築を専攻。卒業後は、三井ホームに入社することができました。

配属された部署は営業。幾度となく挫折を繰り返しながらも、多くのお客様に恵まれました。

そんな中、社内の男性と結婚。お互いに営業職ということもあり、いつかは三井ホームで、こだわり抜いた戸建てを建てたいという想いを強く持っていました。

しかし、建築費が高騰。土地もないのに、どうしたら三井ホームで自分たちの家を建てられるのか。いずれ、相続や両親の介護の問題も出てくるでしょう。

さまざまな問題が立ちはだかる中、解決の糸口が見えてきました。それは、実家を二世帯住宅に建て替えることです。

とはいえ、二十三年前に三井ホームで建てた実家はまだまだ現役。長年、快適に暮らしてきた我が家を解体する気になど到底なれません。家族会議は長引き、両親、そして私たち夫婦も「今を超える最高の家を建てられるのか」という不安を抱いていました。

この不安を払拭してくれるのは、あの人しかいない！　家族全員の考えが一致し、かつてお世話になった設計士の先生に相談することにしました。今でも現役の先生は、七十歳をゆうに超えています。

「こんなケースは初めてだねえ。でも、もう一度お願いしてくれるということは、よい家だと思ってもらえていたということだよね？　それなら、引き受けよう」

先生とは、家を建てたときからずっと交流がありました。私が入社したときも一番に報告するほど、家族全員が全幅の信頼を置いています。翌週、先生と家族全員で打合せの席を設けることになりました。

家族それぞれ、家に対する知識とこだわりが多い分、打合せは難航。でも、誰一人として、憧れの家に対する熱意が冷めることはありませんでした。それは、「先生が建てる家に間違いはない」という確信が家族全員にあったからです。

何度打合せをし、家族間で何度揉めたことでしょう。先生が書いた図面は一冊の本になるほどの厚みになっていました。

最終確定の図面が仕上がった時には、全員の気持ちが一つになっていました。

実家のあった土地も、今では更地になっています。工事の業者さんがたくさん出入りして、これから新たに違う家が建つのかと思うと、不思議な気持ちです。

忘れられない、運命（？）のプロジェクト

工事・男性

住宅開発事業部で建売の工事担当をしていたときのエピソードです。

三井不動産が開発した湘南国際村（神奈川県葉山町）の工事担当になり、第一期三十棟・第二期十五棟の計四十五棟を、私を含めて三人の工事担当で現場管理をしていました。

当時、このプロジェクトは今では考えられない特殊な現場で、着工したにもかかわらず正式な図面がない中、青焼きされたバラの基礎図のみで現場がスタートしていました。

施主である三井不動産のこのプロジェクトにかける意気込みは大きく、日々図面に変更があるような大変な現場でした。当然、仕様も決めながらの現場管理で、自分は設計担当なのか工事担当なのかわからなくなる状況下で仕事をしていました。

造成工事も同時に進んでいたので、現場事務所は造成の業者さんと共用で、とても大きく、風呂や食事付きでした。また、その事務所は葉山の山奥にあったため、事務所内では

生涯見たこともない虫がたくさん出没しました。もしかしたら、新種の虫もいたかもしれません。

棟数も多かったため、約三十人の大工さんとその他の協力会社さん、合わせて約六十人の職人さんたちとともに、休みもなく毎日現場に行きました。着工して初めて三井不動産の設計専門役の方が打合せに来られたときの第一声が、今でも忘れられません。

「このプロジェクトに関わった人は、運命だからあきらめたほうがいい」

それを聞いて、「運命か……」と、あきらめて最後まで頑張ったことを思い出します。

現場では、運命的なことがいろいろ起こりました。あまり大きな声では言えませんが、配置を間違えて基礎を五棟ほどやり直したり、屋根から職人さんが落ちて救急車に一緒に乗って病院へ行ったり、オープン前日の夜には現場にいたすべての職人さんたちと夜中まで、道路掃除をして三井不動産の方から栄養ドリンクをいただいたり……。

「運命だからあきらめたほうがいい」

その後、業務の中でいろいろな壁に当たるたびに思い出す、忘れられない言葉になりました。

契約調印当日、いきなり「他メーカーに決める」とお客様

営業・男性

ある年の九月にご契約いただいたお客様（藤原様）のエピソードです。

総額約一億三千万円という高額物件の契約内諾をいただき、九月二十九日の夕方、当社デザインセンターでご契約の予定でした。

ところが、契約調印当日、藤原様はいらっしゃるといきなり「他メーカーに決める」とお申し出になり、私は一瞬にして青ざめてしまいました。

至急、事務所にいた上司に同席を頼み、一緒に藤原様の真意を伺いました。他メーカーにお決めになろうとしている理由は間取り提案の違いだとのことで、競合メーカーとの施工体制、品質などを総合的に再検討していただくため、翌朝から今一度お時間をいただくことに。競合メーカーのモデルハウスの違いと当社のお住まい宅のご案内をするとともに、修正した間取り図及び見積りの再提案の機会をいただくことができました。

限られた時間の中で、設計士に急遽、間取り図の修正をお願いし、並行して設計スタッ

フに外観パース作成、および見積り依頼をお願いし、深夜まで皆に協力していただいて、翌朝の藤原様との打合せに臨みました。

決算月の月末ぎりぎりの商談でしたが、翌日、一通りの打合せを行ない、最終的に午後二時頃に藤原様から当社での建築意志のお返事を頂戴し、その後、契約調印をいただきました。打合せが終了した時には、すでに深夜になっていました。

無事打合せが終わって事務所に戻ったところ、所長、上司をはじめ社内の設計スタッフ、設計士まで、協力してくれたメンバー全員が私を待っていてくださり、温かな祝福の拍手をいただきました。涙を流して喜んでくれた設計スタッフもおり、とても感動的な受注となりました。

また、自分は一営業担当として、たくさんの人たちの協力を得て今の仕事ができていることを再認識し、思い出に残る契約となりました。

第4章

社会に役立つ

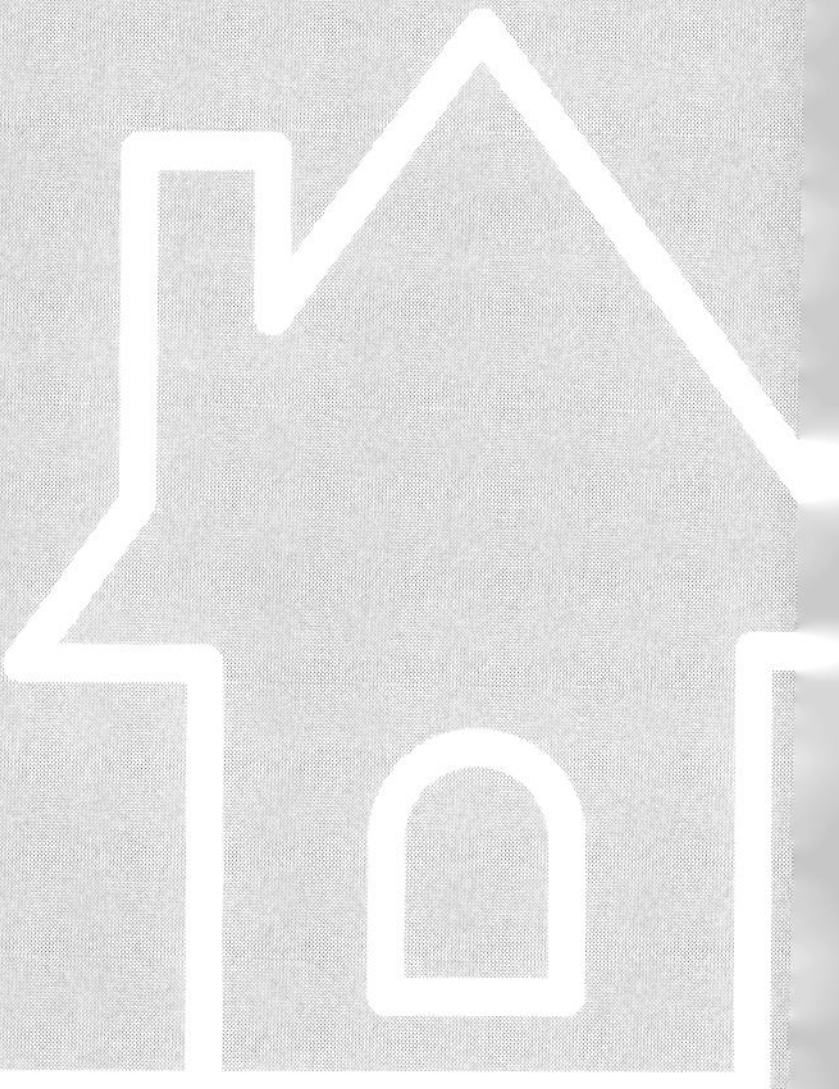

見えるはずのない吉野様邸が見えている！
テレビのアンテナさえ真っ直ぐだ！

設計・男性

それは、一九九五年一月十七日に起きた阪神・淡路大震災の日から二週間後のことです。

吉野様の奥様から、事務所に電話をいただきました。

吉野様邸は、激震地区だった芦屋市川西町にあり、三井ホーム大阪支店所管。私が設計し、竣工から築十二年が経過していました。

敷地面積二十二坪、建物面積二十四坪の二階建ての可愛らしい建物ですが、工夫という意味では、大変思い入れのある建築でした。

片方に傾斜している特徴的な屋根二か所、市街地であることを意識して、二階にＬＤＫと中庭代わりのテラス、一階は主寝室と六帖の和室、そしてスカイライトのついた浴室と書斎という設え。

ＬＤＫは、当時、三井ホームではおそらく初めてのスロープシーリング（傾斜した天井）、つまり廊下と階段以外は小屋組みがない、がらんどうのアクロバティックな構造にしたのです。設計の責任は大きく、当然ながら、構造設計にはいつにも増して気を遣いました。

円型の平面形状ながら、中庭部分には構造用の補強梁を配して建物の振動を抑制。この梁の下にはよしずを設け、隣家の目隠しとすることによって、屋外でのテラスをプライベートな空間として完結させました。

一月十七日未明、私は三田市の自宅にて、気象庁発表で震度五の地震に見舞われました。体感的にはその程度の揺れではなかったように思います。

地震の数日後、大阪市内の事務所に行き、片付けを三十分で済ませると、その足でＪＲ西宮駅へ向かいました。駅前から遠方に、七階建てマンションが右に大きく傾いているのが見えました。地上のあらゆるものが水平、垂直を失っていました。

私は、最も気になっている吉野様邸を目指し、ひたすら歩きました。半壊した芦屋警察署前の広い交差点に立ち、想像しました。

あの時、この風景の全体が一メートルほども飛び上がったに違いない。それこそ、川さえも……！

目の前を、他府県ナンバーの市営バスが何台も、車体を上下に大きくうねらせながら通過していきました。長崎、広島……。ああ、多くの人たちが応援に駆けつけてくれているのだと、感動しました。

吉野様邸から一〇〇メートルほどのところにある津知町では、三十名ほどの方が亡くなったと聞いていました。

もし、吉野様が亡くなられていたら、僕はもう二度と設計はできないな。あの建物は僕のオリジナルだから、僕の責任だ……。

重い気持ちのまま、吉野様邸へ入っていく道の角まで来ました。恐る恐る視線を上げると、横丁の奥にあって、そこからは見えるはずのない吉野様邸が見えている！　しかも、テレビのアンテナさえ真っ直ぐです。

「えっ、信じられない」

目には、うるうると涙がにじんできました。角にあった大きな二階建ての家の瓦屋根が崩れ落ちています。横丁を右に左に、障害物を除けながら進み、吉野様邸の前に立ちました。

　お隣のブロック塀は横倒しになっているにもかかわらず、吉野様邸は、ポーチのガラス屋根さえヒビ一つ入っていません。

　二階を見上げたところ、外壁に目立った損傷なし。サッシ周りにも亀裂なし。そんなはずはない……と、用意していたオペラグラスで詳しく観察しましたが、モルタル吹付の外壁にも小さな亀裂さえ見えません。

　ご近所の方々には申し訳ないのですが、一目見て「この家は完璧だ。強い」と、設計した人間ならではの手応えを実感した瞬間でした。

　外から見たところ、家の中には誰もいらっしゃらなかったので、郵便ポストに訪問させていただいた旨を書いた名刺を入れて帰りました。

　冒頭のお電話は、その御礼だったのです。

奥様「おかげさまで、主人も無事です。何しろライフラインが全部ストップしていまして、あそこでは暮らせず、今、大阪のホテルで生活しています。川村さん、本当にありがとうございました！」
私「私も見ましたが、あまり壊れていないようで……」
奥様「はい、そうなのです。主人の本棚がベッドの上に倒れてきて本が散乱しましたが、それだけで、主人にけがはありません。二階のキッチンの吊戸棚の食器も無事でしたよ」
私「えーっ、食器も無事だったのですか！　でも、扉が開けにくくなったりしていませんか？」
奥様「それも、ありません。水道、電気、ガスは全部ダメですけど。あの時は、下からドーンと……」
その後、奥様とどんな会話をしたか、あまり憶えていませんが、それから半年ほどして、「調査の結果、吉野様邸は九ミリほどの傾きで済んでいたらしい」と聞きました。
震災後、被災地図なるものが書店に並び、私も購入しました。被災地域が着色されていましたが、芦屋市川西町の吉野様邸の場所に、私は修正ホワイトで点を打ちました。「ここは被災していない」と。
その地図は、今でも私の本棚に残してあります。そして、これからも。

見てみ！　ウチな、全然壊れてないねん。すごいでっ、三井の家！

営業・男性

早朝。それまで経験したことのない、激しい揺れに叩き起こされました。阪神・淡路大震災です。

当時、私は神戸支店に営業担当として勤務していました。携帯電話もまだ普及しておらず、上司に連絡を取ろうとするも電話がまったくつながらず、二時間かけ続けてやっと話をすることができました。

状況把握ができるまで自宅待機との指示で、夜は近所の山の上にある児童公園から、眼下の街が火災で消失していくという信じられない光景を見続けていました。あの火がこのまま広がり続けたら、自分たちも避難しなければならない……。心配で、朝方までその場を離れることはできませんでした。

二日後、家の中に散乱した食器や家具の片付けが一段落したので、カメラを持って外に出かけました。公園から見続けていた街の中に、半年前にお引渡しをした鈴木様のお宅があり、ずっと気がかりでしたし、営業という立場で、被害状況はどうなっているのかを自分の目で確かめたいと思い、徒歩で現地に向かうことにしたのです。

区の境に川が流れており、その日は川沿いに消防車が集結して、絶対延焼阻止線として消火活動を行なっていました。橋を渡ると、焼け野原が一面に広がっていました。そこは、毎日通勤電車で通い慣れた街でした。

お客様のお宅を目指して幹線道路沿いに進むと、道の両側には数え切れないほどの、ススで真っ黒になった被災者の方々が毛布にくるまって座り込んでいらっしゃり、奥のほうでは焼け野原の中、自宅が建っていたであろう場所で、まだ燃えているがれきを必死で掘り起こしながら家族を探していらっしゃる方の姿があちこちに見受けられました。

私はカメラをカバンの中にしまいました。それを持ってきた自分の考えが、いかに浅はかだったかを痛感しました。

焼け野原の中を二十分ほど歩くと、延焼を免れた建物が少しずつ視界に入るようになりました。その一角に、見覚えのある建物が……。

「残っていた！」

思わず駆け足になり、お客様の家に通じる路地に入りました。

「壊れていない！　燃えていない！」

建物を見上げながら玄関のほうに目をやると、着ているものから顔、髪の毛までススで真っ黒になった、おそらく女性であろう姿の方が私をじっと見つめています。私も、この方は誰だろう？　と見つめ直していると、聞き覚えのある声が。

「あっ！　香川君？」

鈴木様の奥様でした。

「ご無事でしたか！」とお声がけし、その後、二人でしばらくの間号泣したことを憶えています。

奥様のお話によれば、地震直後、隣に建っていたＲＣ構造の古いマンションの一階が座屈倒壊（上の階と下の階がサンドイッチ状に押しつぶされたり崩落したりしている状態）し、住人の方たちは全員、生き埋めになってしまったとのこと。近所の方たちが必死でがれきを掘り出したものの、ご高齢の住人が多く、皆、亡くなってしまったそうです。

その後、火災が発生。徐々に火が迫ってきましたが、「この区画だけは絶対に燃やさない！」と、近所の方たちで一晩中、バケツリレーをして延焼を防いだそうです。

火事場泥棒が頻発していると話題になっていたこともあり、奥様は最初、私服姿の私を見て「泥棒が下見に来た」と思われたそうです。怪訝な表情で私を見つめていた理由がわかりました。

「香川君、見てみ！

ウチな、全然壊れてないねんっ。

中も、家具とかもほとんど倒れてへんし、
ホンマに何ともなってないねんで。

すごいでっ！　三井の家！

せやから、絶対に燃やしたくなかってん！

ありがとなっ、香川君！」

私は涙が止まりませんでした。

その後、お客様の地区は区画整理となり、せっかく残ったご自宅もその対象に。

もちろん、新しいご自宅も、当社で、同じスタッフで建てさせていただきました。

冷たい被災地に灯る炎

営業・男性

東日本大震災後、津波に襲われたエリアで当社の建物の被害状況を調べるため、技術系の若い調査員と二人で回っていた時の話です。

津波の被害というのは、それはもう酷い状況で、心が痛むことがたくさんありました。

比較的被害が軽かったエリアでは、我々が調査に伺った頃には多くのお宅で片付けと清掃が進められていて、生活を取り戻そうとしている最中でした。その中の一軒のお宅にまつわるエピソードです。


そのお宅は築年数の古い、二間続きの和室があるような三井ホームで、高齢のご婦人が一人で住まわれていました。幸い、床上には浸水しておらず、何とか生活できる程度には片付けられていましたが、まだまだ家財が散乱した状態でした。

家主であるご婦人はすっかり気力を失っておられましたが、かける言葉が見つかりません。復旧のお手伝いをしたい気持ちはありましたが、何をしても中途半端になってしまいますし、次の調査に向かわねばなりません。建物の安全をお伝えしておいとましようとしたとき、パートナーの若い社員が私の後ろで、ふとしゃがみ込みました。

あれ？ と思って振り返ると、彼は散乱していた仏壇を元に戻し始めました。畳の上にこぼれた灰も手で丁寧にかき集め、元に戻していきます。それを見た私も、すぐに落ちていたご位牌を拾い、仏壇に戻しました。ご主人のご位牌のようでした。

「大したことはできませんが、せめてお仏壇だけでも。お仏壇がこんな状態なのは、さぞおつらいことでしょう」

彼が、そう声をおかけすると、ご婦人は目をうるませ「こんなことまでしていただけるなんて……」と、何度も何度も感謝の言葉をくださいました。玄関先でお見送りしてくださったお顔には、明るさと気力が少し戻ったように見えました。

彼の行為によって、厳しい現実が変わったわけではありません。しかし、冷たい被災地にあって、彼のやさしさがご婦人の心に温かい炎を灯したように感じました。と同時に、

「主人が三井さんを選んだんです。三井さんにして、本当によかったです」

というご婦人の言葉が、次の現場に向かう我々の心を温めてくれました。

無謀な実験へのチャレンジ

研究職・男性

「そんな無謀な……」

当時、後輩だった小松君の実験企画を聞いた時、正直、そう思いました。そんなことができるなら、他の住宅メーカーもとっくにやっているのではないか。でも、彼が考えている実験を行なっているところは、どこもありません。それは、行なうのがむずかしいからでしょう。だから、無謀だと思ったのです。

小松君は、「当社建物の耐震性の根拠を示すデータは、最新の振動実験によるものではないので、『競合他社から差別化されている』と営業担当の四割が回答しています」と、アンケート結果をもとに熱心に、その理由を説明しました。

彼は、「ツーバイフォーは地震に強いと思っているのは我々だけで、耐震性を重視しているお客様は当社モデルハウスに来場すらされていない」という危機感を持ち、「実大建物振動実験」実施の声を上げたのです。

つまり、実物の建物に過去日本で起こった大地震の力を加える。それを何度も繰り返し、どこまで耐えられるかという実験で、まだどの住宅メーカーもやったことのない、まさに無謀な企画です。

しかし、その後、小松君の上司となった私は、彼を後押しすることになりました。彼の「営業担当の説明やその力量に左右されない、ひと目でわかる差別化が必要です」という言葉に納得したからです。

まず、とにもかくにも実験をする場所が必要です。全国にある実験施設の調査を始めましたが、小松君の企画条件を満たす実験場は、日本で二か所しかありませんでした。しかもそのうちの一か所は、点検で稼働停止となる予定があり、実験スケジュールの設定がむずかしいことがわかりました。もはや一か所しかない状況です。

しかし、ここから小松君の行動は早かった。彼はつくばの実験場に連絡を取り、事情を説明して、再来年の夏というかなり先にもかかわらず、期間三か月という長期間の施設利用の予約を、強引とも思える行動力で交渉しました。それを逃すと、秋のシルバーウィーク商戦や消費税アップ前の営業機会を逃してしまうからです。

交渉は見事成立。この時が、実大建物振動実験の始まりです。無謀と思えた実験の計画が、まだ固まっていない状態でのスタートでした。


その日から約一年半後。

「加振五秒前、四、三、二……」

期待と不安が入り混じった女性スタッフの振動実験開始のカウントダウンの声が、蒸し暑い巨大な実験場に響き渡りました。

小松君が思い描いていた「どの住宅メーカーもやっていない大きさの地震（振動）」と「どの住宅メーカーもやれなかった、繰り返しによる加振実験」が成功したことは、その後の三井ホームのコマーシャル動画を見れば言うまでもありません。

京都大学の教授から「想定外を想定した実験」とのコメントをいただきました。小松君が最初に企画し、私が「無謀だ」と思ったことが高評価を得たのです。

「営業を安心させたい」という彼の想いが、当社で検討されているお客様や、当社で建てられた家にすでにお住まいのお客様にもお伝えできた実験となりました。すべては、あのとき小松君が声を上げ、振動実験施設を押さえたことから始まったのです。

今でも、あれ以上の質と量（回数）を伴った実大実験を行なった住宅メーカーは、どこにもありません（実験の動画は左記のＱＲコードからご覧いただけます）。

耐震実験動画

数多くのアイデアを集めた実験棟「MIDEAS」

研究職・男性

三井不動産が開発している千葉県・柏の葉スマートシティの一翼を担う「三井ホームの実験棟MIDEAS（ミディアス）」をメディアに公開しました。テレビ東京「ワールドビジネスサテライト」を筆頭に、TBSテレビ、日本テレビ、毎日放送などの民放、NHK、BS放送や韓国の放送局まで、数多くのメディアに紹介されました。

最も多く報道されたのは、「手を振る」とカーテンが開き、「明るくして」と言うと照明が点灯するナチュラルユーザーインターフェイス（NUI）です。

ある時、NHKスペシャル「世界ゲーム革命」で、身振り手振りで行なうゲームの紹介がありました。後日、そのメーカーの担当者と会い、「手を振ってエアコンを操作できるようにしたい」と話したところ、ゲームだけではなく一般用途に展開したいというその会社の思惑と一致し、すぐに賛同を得て、開発ツールのご協力をいただきました。

また、通信会社の某研究所には「窓開閉、給湯器、照明、玄関施錠、空調、テレビ……と多くの設備機器をＷＥＢのコマンドから操作したい」という想いを伝えたところ、共同開発することとなりました。

手振りと音声の連携から、携帯電話、タブレット、後にアップルウォッチ、グーグルホームなど、新しいデバイスにも対応して、ひと通りの住宅設備を操作できるようになりました。

非接触充電技術は、電気自動車に搭載。カーポートに駐車するだけで、コネクタに接続しなくても充電が開始されます。世界の自動車メーカーに先駆けて、初の非接触充電の実証実験を行なうことができました。

「ＭＩＤＥＡＳ」には、まだまだ語り尽くせないほどアイデアが満載です。参画いただいた企業は四十社を超えます。

「面白い、やってみよう」という技術を見つけては、一社一社、直接出向いて想いを語り、共感を得て参画いただきました。

また、お客様の仮住まいとして約半年近く暮らしていただいて、受注にも結びつきました。見学していただいた方も三三〇〇名を超え、本当に数多くの方々に支えていただきました。

そして二〇二〇年一月、「ＭＩＤＥＡＳ」は所定の役割を終え、惜しまれながらも解体が行なわれました。

実証実験は、当社のオリジナル全館空調システム「スマートブリーズ（ＳＭＡＲＴ ＢＲＥＥＺＥ）」のバージョンアップをはじめ、新しい外壁通気など三井ホーム建物のベーシックな性能向上に寄与しました。

残念なのは、話題となった機能がテレビで「五年後に実用化！」と報道されていたものの、品質が届かず、お蔵入りになってしまったことです。

しかしながら、ネットワークや音声操作、非接触などの技術は、いまや普段の生活にも馴染みつつあります。ようやく時代が追いついてきた、という感じでしょうか。

社内外への未来に向けたメッセージとして、またいつの日かチャレンジできることを夢見て、〝MITSUI HOME IDEAs〟を考えていきたいと思います。

隣の家まで助けたツーバイフォー住宅

メンテナンスエンジニア・男性

一九九五年一月十七日午前五時四十六分、淡路島・阪神間に未曾有の大地震が発生しました。

記憶から消すことのできない「阪神・淡路大震災」。皆さんもご存じの通り、ツーバイフォー住宅の耐震性を実証した最初の大地震です。

当社の現地調査隊は、二か月ほどの間に三五六八棟すべての調査を実施。多くの倒壊家屋がある中で、大きな損傷もなく凛として建っている三井ホームの多くの建物の姿が写真で報告されたことを、今も憶えていらっしゃるでしょう。

ここで紹介するのは、その報告にはありませんでしたが、ツーバイフォー住宅の素晴らしさを教えていただいたお宅のお話です。

一九九五年四月、辞令により神戸震災対策本部に着任しました。全国からの応援により、被災エリアのすべてのお客様の建物調査・面談を終えており、私は地盤等の被害による沈下修正などの「特別対応物件」の工事対応と、お客様からの要望による詳細調査が主な業務でした。

赴任直後、周辺建物の倒壊が多いため詳細調査ができていない建物があることを知らされ、その建物の持ち主・安藤様の避難先への連絡を取り先輩と二人で調査に伺いました。

神戸市灘区。小さな住宅が密集し、震災で大きな被害を受けた地区で、四月中旬調査日当日もまだ、ガス、水道の復旧工事を行なっていて、車で近くまで行けない状態でした。

私たちは調査道具を持ち、徒歩で目的の建物に向かうことになりました。安藤様宅までの道の両側は、すべての建物が取り壊され、基礎だけが無残に残り、そのほとんどに花束が捧げられている悲しい道でした。

安藤様宅に到着し、ご挨拶もそこそこに調査を始めるつもりでしたが、出迎えてくださった安藤様ご夫妻は「まあ、まずは家に上がってお茶でも飲んでください」とおっしゃいました。私たちはリビングに通され、奥様が携帯コンロで沸かしたお湯でお茶を淹れてくださるのを見ながら、「どんな話があるのやら……」と落ち着かない気持ちでいました。

お茶をいただきながら、安藤様ご主人の話が始まりました。

「この家は、私たち夫婦だけでなく、倒れかかってきた両隣と裏の家を支えてくれて、合計四軒に住む家族を救ってくれたのです。周辺は見ての通り、すべての家が一瞬にして壊れ、多くの方が亡くなってしまいました。この家の周り四軒だけ、助かったのです」

ご主人は、「三井ホームに感謝することはもちろん、この家を建てるように勧めてくれた息子にも感謝しています」とおっしゃいました。

安藤様と当社とのご縁は、ご子息の強い推薦で始まったようです。当初、ご主人はこの家を気に入ってはいなかったとのこと。

「古い密集した住宅地で、突然洋風の建物ができ、外壁の仕上げ材にも、また、畳ではなくフローリングの生活にも馴染めず、『落ち着かない家』と思っていました」

しかし、ご子息からの「地震に強い家だから」との強い推薦によって三井ホームで建てることになったいきさつを振り返り「息子の先見性に驚いている」とお話しされました。

ご夫婦二人の生活でさえ大変で、水もガスも貴重なときに、調査に来た私たち二人のために温かいお茶を淹れてくださり、「まずは、御礼を」とおっしゃった安藤様ご夫妻のお言葉は今でも、花束の添えられた基礎だけの住宅地とともに、忘れることはできません。

エピローグ

『家づくり感動物語』、いかがでしたでしょうか。

タイトルに、自ら「感動」という言葉を入れたことに気恥ずかしさを感じてもいますが、本書に収められている四十四編のエピソードを読み返すたびに、お客様のお顔やお声、汗と涙を流した社員の姿がありありと甦り、胸が熱くなります。


私たち三井ホームは、「憧れを、かたちに。」をスローガンに掲げ、お客様一人ひとりの夢や憧れをかたちにするため、オーダーメイドの住まいづくりを行なってきました。

夢や憧れは人それぞれで、「こういうもの」といった決まりはありません。たくさんの打合せを重ね、目の前のお客様の夢や憧れを把握、理解してプランをご提案します。世界にたった一つの、「お客様だけの家」をつくるためです。


当然ながらそれは簡単なことではなく、お読みいただいた通り、ときにお客様との間に行き違いが起きてしまったり、夢や憧れをかたちにする過程で、現場スタッフに負担をかけてしまったりすることもあります。

そのたびに私たちは自らの至らなさを痛感するのですが、そこで一層「お客様に喜んでいただきたい」という想いが強まります。「きっと納得していただける」と自分を信じ、現場スタッフを信じて誠心誠意を尽くします。

その結果、お客様から「三井ホームにお願いしてよかった」という言葉を頂戴した時、家づくりという人生の一大事に関わらせていただいたことへの喜びと感謝の気持ちを新たにしています。

「家は幸せの器である」とよく言われます。私たちも、お客様の笑顔と楽しい会話の絶えない器＝家づくりをと日々、努めています。

けれど、人生、必ずしもよいことばかりではないでしょう。思わぬ壁にぶつかったり、ある日突然、困難に見舞われたりすることもあるかもしれません。

そんな時にこそ「帰りたい」と思っていただけるような、そこに住まうことで体と心が癒やされ、希望を持ってまた一歩、前に踏み出していただけるような家をお客様にご提供したい、と思うのです。

創業以来、木造の建物に取り組み続けているのは、そのためでもあります。

木は、日本の気候風土に合うというだけでなく、木が持つやわらかさやぬくもりがそこに住まう人をやさしく包み込んでくれるのではないでしょうか。

だからこそ、私たちはさらなる安全性と快適性の向上を追い求めます。大きな自然災害に見舞われることの少なくないこの国にあって、お客様の大切な家、そしてお客様を守るためにはどうすればよいのか。

木造の心地よさを最大限に活かしながら、耐震・断熱・耐久・耐火、すべてを叶える三井ホームオリジナルのツーバイフォー工法「プレミアム・モノコック構法」をはじめとするさまざまな技術や性能を生み出してきました。これからも、「災害に強い三井ホーム」という矜持を持って、より安全で、かつ心地よい住空間をお客様に提供するべく、研究・開発を続けていく所存です。

もちろん、デザインにもこだわり続けます。

先にも述べましたが、私たちのブランドコンセプトは「憧れを、かたちに。」です。

本書の中でもご紹介したとおり、青春時代に三井ホームの新聞広告を目にして「将来、こんな家に住んでみたい」と憧れてくださり、その後結婚され、ついに念願の家を建てられたお客様がいらっしゃいます。幼い頃、両親が建てた三井ホームの家が大好きで当社に入り、自分もまた三井ホームの家を建てようという社員もいます。

そんなふうに、憧れ続けていただける家、何十年と暮らし継がれる中で味わいが育まれて「経年優化」し、ますます愛着が湧くような住まいを提供できるように、モダンでスタイリッシュ、それでいて普遍性のあるデザインを生み出していきたいと考えています。

人と人とのつながりが希薄になったと言われる昨今、家づくりを通してお客様と出会い、お叱りを受けたり、褒めていただいたりしながら、「お客様」と「住宅メーカー」という関係を超えたおつきあいをさせていただける。それが、家に関わる仕事の醍醐味であり、この仕事に就いてよかったと心から思う瞬間です。社員一人ひとりがその喜びを噛み締め続けてきた五十年でした。

そして、三井ホームはこれから、どこへ向かおうとしているのか。

繰り返しになりますが、私たちは、数多のお客様の想いや夢を『住宅』というカタチで実現し、世の中に提供してきました。

そこで培ったノウハウや技術を活かして、住宅のみならず木造マンション、医院、店舗、大規模施設といった街のあらゆる建物を木造で建てることで、脱炭素をはじめとする地球環境への貢献などを叶えていく。『住宅メーカー』から、豊かな社会の実現に資する『木造建築の会社』へと転換を遂げていく。

これが次の五十年に向けて、私たちが目標とし、進むべき道であると考えています。

二〇二四年九月吉日

三井ホーム株式会社　編者一同

〈編者紹介〉
三井ホーム株式会社
1974年設立。ツーバイフォー工法のリーディングカンパニーとして、日本の木造建物の分野を牽引し、特に耐震性・断熱性・耐久性に優れた住宅をはじめ、50年間で約25万棟の建築物を提供している。
本書は、50年間の感謝の意を込めて、全国の社員から募集した、お客様との感動的な実話を再編集して紹介している。

〈編集協力〉
鈴木裕子
〈本文イラスト〉
ときおかヒトミ

家づくり感動物語
社員が綴る、胸が熱くなるエピソード集

2024年9月10日　第1版第1刷発行

編　　者　　三井ホーム株式会社
発行者　　村上雅基
発行所　　株式会社ＰＨＰ研究所
京都本部　〒601-8411　京都市南区西九条北ノ内町11
教育企画部　☎075-681-5040（編集）
東京本部　〒135-8137　江東区豊洲5-6-52
普及部　☎03-3520-9630（販売）

PHP INTERFACE　https://www.php.co.jp/

組　　版　　朝日メディアインターナショナル株式会社
印刷所
製本所　　TOPPANクロレ株式会社

ISBN978-4-569-85742-8